1,00 €

D1994720

Liebe Frau Voigt,

da es mit einem Treffen nicht klappen will, schicke ich Ihnen mit Christa mein letztes Buch. Hoffentlich haben Sie jetzt beim vierten soviel Freude, wie beim ersten.

Alles Liebe weiterhin
Ihre Monika Stehbart

27.05.2019

Monika Stechbart: Betthupfer für Erwachsene

Illustrationen: Monika Stechbart
Umschlaglayout: Heike Laufenburg
Druck und Bindung in eigener Manufaktur
Gesamtherstellung: Zwiebelzwerg Verlag
Klosterstr. 23, D-34439 Willebadessen, Tel&Fax 05646/1261
www.zwiebelzwerg.de, verlag@zwiebelzwerg.de

Die Zeichnungen sind ein „Späßchen" von mir! M.St.

Bedanken möchte ich mich
vor allem bei:

Siegfried Tangnatz (Freizeitkönig)
Uwe Wollnik (Ein letzter Wunsch)
Klaus-Dieter Fanow (Ein letzter Wunsch)
Margret Voß (Bei Hagers.steppt…)
Hans Neupauer (Guter Rat ist teuer)
Jürgen Heutensleben (Das Zinnfigurenkabinett)

Ohne deren gute Mithilfe, dem Darstellen ihrer Erinnerungen, einige Geschichten dieses Buches nicht geschrieben worden wären.
Ich bedanke mich bei Karin Hanusch, die mit strenger Hand Fehler ausmerzte und deren Ideen interessante Geschichten entsprangen.
Meinem Schwiegersohn Guido Görisch, der meine Computerarbeit mit dem Verlag unterstützte.
Siegmar für seine unendliche Geduld mit mir, wenn ich Geschichten „spann“.
Sowie dem „ZwiebelzwergVerlag“ für die sehr fördernde Begeisterung über meine „Betthüpfer-Geschichtchen“.

Vorwort

Auf Pension oder Hotelbetten finden wir hin und wieder noch die kleinen „*Tagesend Tröster*“ in Form von Obst oder Süßigkeiten.
Als Kind waren „*Betthüpfer*“ von anderer Art.
Wenn man Glück hatte, gab es eine Großmutter, Mutter oder Tante, die uns zum Trost, für den Tagesausklang ein Lied vorsang, eine Geschichte erzählte oder Märchen vorlas.
Im Kindergarten bekommen die Kleinen gern zum Mittagsschlaf, je nach Passion der Erzieherin, ihre Liedchen, ein kleines Musikstück auf Flöte, Gitarre oder Mundharmonika oder eine Einschlafgeschichte geboten.
Uns Erwachsene tröstet, wenn wir in Partnerschaft leben, besser ein nettes Wort, ein Lob ein Küsschen oder mehr. Die Zeit des Geschichten Vorlesens ist meist, bis auf wenige Ausnahmen, leider vorbei.
Es sei denn, wir lesen uns selber eine „*Betthupfergeschichte*“, bis die Augen zufallen.
Hier nun von mir, für Sie, eine kleine Auswahl „*Allerlei*“!
Begebenheiten, Eigenarten, einfache Gedanken zu diesem und jenem Problem, Berichte, Rezepte, oder kleine „Gedichtversuche“.
Zur Belustigung, auch Strichmännchen in Aktion oder Fotos und Kollagen.
Natürlich dürfen meine Geschichtchen gern auch anderswo „verzehrt“ werden.
Gemütliche Ecke, Busse und Bahnen, Sofas oder andere Gelegenheiten gibt es viele.
„*Geschichten, die das Leben schrieb*“, die man der Freundin als „Mitbringsel“ gibt, der Oma als Geschenk auf einen Gabentisch legt oder dem Genesenden als kleinen Zeitvertreib überreichen kann.

Viel Freude bei Allem, Ihre Monika Stechbart

Weihnachten

Behütete Weihnacht 1949

Ärmlich war es in der Nachkriegsstube.
Ein alter Sessel stand gleich neben dem warmen Ofen und gleich neben ihm ein ehemaliges, irgendwo übrig gebliebenes Nachtschränkchen, das wir zum Abstellen nutzten.
Darauf stand in der Weinachtszeit ein niedliches, lustig geschmücktes Bäumchen.
Durchsichtige Vögel, gläserne Kugeln und zierliche Weihnachtsmännchen schaukelten sich im echten Kerzenschein neben süßem Fondant, Nüssen und Äpfeln, die ich nach Weihnachten plündern durfte.

Heute war endlich Heilig Abend. Wir waren in der Kirche zum Festgottesdienst gewesen, hatten gemeinsam unser traditionelles Heilig-Abend-Essen, Kartoffelsalat mit Würstchen, zu uns genommen und feierten nun diesen besonderen Tag mit schönen, gemeinsam gesungenen, alten Weisen. Ich war damals zwar schon acht Jahre alt, hatte mich aber am Weihnachtsabend fest auf Vatis Schoß eingekuschelt. Voller Inbrunst sang ich alle alten Weihnachtslieder mit, die meine Eltern anstimmten. Ich sang gern, war auch gleich, seit der ersten Klasse in unserem großen Schulchor eingetreten.
Dieses Jahr 1949 gab es ein besonders reiches Fest für mich. Der Weihnachtsmann war persönlich noch in keinem Jahr bei mir gewesen. Ich kannte ihn zwar von Bildern und Figuren, aber so recht glaubte ich nicht, dass es ihn gäbe.
Mein Vater aber, den Weihnachtsmann vertretend, hatte sich in diesem Jahr selbst übertroffen. Aus Holz, Nägeln, Leim und Tapeten hatte er mir nicht nur eine hübsche kleine Puppenstube gebaut, nein, er hatte sogar winzige Holzmöbelchen gebastelt und so waren die beiden Räume richtige Stübchen geworden. Lustige, kleine Wol-

lepüppchen von meiner Mutter gearbeitet, wohnten darin. Dieses Geschenk überwältigte mich! Den ganzen Abend streichelte ich alles wieder und wieder.
Nach dem Singen und der Bescherung naschte ich noch vom bunten Teller, den es nur zum Weihnachtsfest gab. Auch die Naschereien auf den Tellern waren damals fast alle selber gemacht. Gebackene Kekse mancherlei Art, Karamellbonbons von der Pfanne, Kartoffeln aus einer Marzipan ähnliche Masse, Fruchtkonfekt aus hartem Gelee oder mit Puderzucker bestreute Fondants, dazu Nüsse und Früchte, selten auch mal etwas Schokolade. Alles war einfach, fast dürftig. Aber es war die Zeit nach dem großen Krieg und alle die ihn unversehrt überlebt hatten, waren sehr froh, überhaupt etwas zum Wohnen und Leben zu haben. Mir ging es gut, Weihnachten war mein liebstes Fest.

Bevor ich später in meinem winzigen Alkoven schlafen ging, stand ich noch lange am Fenster. Schnee, so weiß wie Puder, war lautlos, vom Himmel gesunken. Auf dem gegenüber liegenden Dach hatte eine Katze ihre Spuren hinterlassen. Die Wasserpumpe und der umgekippte Eimer im Hof trugen eine weiße Schneepudelmütze. Und auf den Ästen und Zweigen des alten Nussbaumes saßen nicht etwa lustige Vögel, sondern dicht gedrängt Tausende von weißen Schneeflöckchen, die zu mir ins Fenster schauten. Der Hof sah völlig verändert, aber wunderschön aus. Entweder hatte Frau Holle ihre Betten dort oben tüchtig ausgeschüttelt, dachte ich, oder der Weihnachtsmann, wenn es ihn dann vielleicht doch gab, hatte mit einer großen Zuckerdose viel, viel Puderzucker mit einem lieben Gruß über die Welt gestreut.
Zufrieden und müde legte ich mich ins Bett, wo schon ein, in der Ofenröhre heiß gemachter, mit einem Handtuch umwickelter Stein, auf mich wartete.
Ich fühlte mich behütet und gut aufgehoben. Ja, sogar noch heute durchströmt mich ein wohliges Gefühl, wenn ich mich an das kleine behütete Mädchen von damals erinnere.
Frohe Weihnachten euch allen!

Zum ersten Mal hab ich erfahren

Zum ersten Mal hab ich erfahren,
wie echte, rechte Wunder gehen,
zum ersten Mal war ich betört,
dich kleinen Mensch zu sehn.

Was wird gebangt und auch gehofft,
neun Monate sind eine lange Zeit,
und als ich schlief und gar nichts dachte,
war es zum ersten Mal so weit.

Zum ersten Mal dich kleines Menschlein,
zum ersten Mal jetzt Mutter sein,
vergessen war gleich alles Warten,
vergessen auch die Müh und Pein.

Verliebte mich in deine Finger,
so filigran und winzig klein,
die Augen braun, noch verschlafen,
ob sie sich auf die Mutti freun?

Beim zweiten Mal ging alles besser,
hier war es meine freie Wahl,
vergaß auch hier die langen Zeiten,
die Ängste der Geburtenqual.

Und wieder gab es neues Leben,
und wieder war es neues Glück,
Liebe, unendlich zu verschenken,
und alles Sorgen trat zurück.

Wie viele Kinder wir gebären,
wir Mütter auf dem Erdenball,
mag auch Erfahrung uns belehren,
bei Jedem ist es das erste Mal.

Eine alltägliche Geschichte

Lange hatte sich die Familie einen Kamin gewünscht, so einen offenen, mit vielen Sitzflächen, wo man ins flackernde Feuer sehen und gut träumen konnte.
Eines Tages, war es dann so weit, der Vater hatte den allerschönsten Kaminofen in die Stube bauen lassen.
Es war Vorweihnachtszeit, die Tage waren schon kurz, oft war es kalt draußen, da kam ein fröhlich flackerndes Ofenfeuer gerade recht.
Die Mutter hatte die Wohnung, zusammen mit den Kindern, weihnachtlich geschmückt.
Auch der große, wunderschöne Rauschgoldengel stand schon in der Stube, wie in jedem Jahr. Dieses Mal jedoch auf einem neuen Platz, dem Sims des neuen Kamins.
Äpfel lagen bereit, Bratäpfel zu werden. Draußen hatte es leicht weiß gestürmt und der Vater zündete mit dünnen Holzscheiten, Fidibus genannt, zum ersten Mal das Feuer im Kamin an.
Florian, oft liebevoll „Flori" von seiner Familie genannt, war auf den Hof gelaufen, hatte Kaminholz geholt und es unter den Ofen gestapelt.
Nun saß er mit roten Backen, von der Arbeit, der Ofenwärme und vom Träumen auf dem Kaminplatz. Es war sofort sein Lieblingsplatz geworden.
Immer wenn er hier saß konnte er träumen, Träumen von der Zeit in der auch er schon groß sein würde!
Träumen von der Erfüllung der Weihnachtswünsche!
Vielleicht schon von Mädchen? Niemand konnte seine Träume kennen und das war das allerbeste am Träumen.
Lassen wir Flori also träumen, und ob das, was er da zusammen mit seiner Lieblingsmusik am Kamin träumt einmal Wirklichkeit wird, das wird auch er erst in der Zukunft wissen.

Vögelfütterzeit

So viel Schnee liegt weit und breit in der kalten Winterzeit.
Vogelhäuser, Meisenring, Nüsse und manch and'res Ding
tragen jetzt zur Jahreszeit Vogelfutter unbeschneit.

Meisen, Spatzen, Finken fliegen, schnell herbei, um was zu kriegen
von den Körnern und den Nüssen, ja sie scheinen es zu wissen,
dass sie sich nicht sorgen sollen. Alles gibt es hier im Vollen.

Zehn, ja zwanzig von den flinken, hübschen grün und grauen Finken
sitzen grad am Fensterbrett, ohne Angst, das find ich nett.
Nur per Schnabel knacken sie, jeden Kern, ganz ohne Müh.

Und die kleinen bunten Meisen, lieben es, im Baum zu speisen,
holen sich ihr Korn zum Schmaus aus dem Vogelhaus heraus.
Manches fällt dabei zur Erde, dass es Spatzenfutter werde.

Ja die dicken Spatzen laben sich ganz emsig an den Gaben,
die herabgefallen sind. Hüpfen hin und her geschwind.
Sieh' ein Buntspecht holt sich munter, was vom Futtertisch herunter.

Vogelkind und Vogelmutter hängen kopfüber am Futter,
machen oft ganz munt're Sachen, manchmal ist es schon zum Lachen,
Andere wieder tun sich schwer, äugen ängstlich hin und her.

Schauen hier und picken dort, fliegen hin und wieder fort,
bald jedoch sind sie zurück, plustern sich ein gutes Stück,
speichern Luft, um sich zu wärmen und dann wieder auszuschwärmen.

Bald wird es tauen, die Vögel finden and'res Futter unter Baum und Rinden,
doch im Sommer trällern sie, um das Haus, ob spät ob früh,
und wenn's im Winter tüchtig schneit, kommt wieder Vögelfütterzeit.

Ein Schutzengel

Du meine Güte, bin ich blöd! Was mache ich denn jetzt? Herausgeputzt wie ein Weihnachtsbaum mit all dem bisschen „Lametta“, das ich besitze, angetan mit den besten zur Jahreszeit passenden „Klamotten“, sitze ich im Interregio kurz vor Hannover.
Auf Grund der zahlreichen, schon ziemlich betagten Westverwandtschaft erhielt ich ab und zu die Genehmigung, in die BRD zu reisen. Natürlich „hübscht“ man sich als altes „Landei“ so gut wie möglich an, soll doch keiner denken, wir können nicht mithalten!
Und nun sitze ich hier, ärgere mich und wiederhole: „Wie kann man nur so blöd sein!“ Warum ich das sage?
Der Innenraum des Abteils ist total offen und inzwischen auch noch leer. Eine Station vor Hannover steigt ein bleiches, ungepflegtes, sich unstet umblickendes Pärchen ein, will schon weitergehen, entscheidet sich jedoch anders, setzt sich in meine Nähe und beginnt, mich zu fixieren. Mir wird unheimlich, die scheinen nichts Gutes im Sinn zu haben. Sie haben keinerlei Gepäck, sitzen nur da und starren mich an. Meine Gedanken jagen: Wenn die nun einfach mein Gepäck nehmen und damit verschwinden? Nun gut, ich könnte Krach schlagen! Also werden die warten, bis ich aussteigen muss. Vielleicht habe ich eine Chance, wenn ich als Erste an der Abteiltür bin? Mir ist mulmig. Wie kann man nur so dumm sein, derartig „aufgebrezelt“ auf Reisen zu gehen! Verflixte Eitelkeit! Verstohlen drehe ich meine Ringe zur Innenfläche der Hände. Mit meinen Grübeleien beschäftigt, bemerke ich einen älteren Herrn mit einer schmalen Ledertasche unter dem Arm durchs Abteil gehen. Er sieht sich um, geht weiter, ich zöge ihn am liebsten an der Jacke zurück, doch so etwas tut man nicht. Gibt es eine Gedankenübertragung? Der Mann kommt zurück, wählt einen Platz in meiner Nähe.
Endlich Hannover! Ich bin mit all meinem Gepäck als Erste an der Tür. Soweit ist alles gut gegangen. Auch das verdächtige Pärchen steht auf. Der junge Typ kommt nach vorne, schiebt mich einfach von der Tür weg. Seine Partnerin bleibt hinter mir. Nicht einen Augenblick habe ich das Gefühl, dass meine Angst grundlos ist.
Der Zug hält. Plötzlich ist der ältere Herr neben mir, greift meinen Koffer, die Reisetasche nehme ich selbst. „Kommen Sie!“ Er steigt

mit mir aus, bleibt an meiner Seite. „Wohin müssen Sie?“ „In Richtung Oldenburg!“ „Ich zeige Ihnen, wo der Zug abfährt.“
Das Pärchen verschwindet. Am Zug angekommen, meint der nette Herr: „Folgen Sie mir nach hinten, da ist ein Eisenbahnerwaggon, in dem Sie sicher sind!“ Hatte ich mich also doch nicht getäuscht mit meinen Ängsten! Er hebt mein Gepäck in den Waggon. „Ich muss los.“ Noch immer bin ich ziemlich aufgeregt, und ehe ich mich bedanken kann, ist er verschwunden. Mir ist, als hätte ich soeben meinen „Schutzengel“ kennengelernt.
Auch nach dreißig Jahren habe ich ihn nicht vergessen, bin ihm bis heute dankbar. Seitdem reise ich allerdings so schlicht wie möglich. Könnte nicht jeder einmal zum „Schutzengel“ für einen seiner Mitmenschen werden?

Nachruf auf einen Baum

Entschuldige!
Bitte sei uns nicht böse, dass es heute dein letzter Tag ist. Freue dich noch einige Stunden am Wind, den vorbei fliegenden Vögeln und Wolken und bitte ärgere dich nicht mehr über Krach und Gestank, den die Autos hinterlassen, es lohnt sich nicht mehr.
Mein lieber Baum, gehegt und gepflegt haben wir dich all die vielen Jahre, seit wir dich in unseren Vorgarten gepflanzt haben, aber nun bist du zu einer ernsten Gefahr geworden. Deine Wurzeln heben Nachbars Mauer empor, deine Größe ist bei Sturm für unser Haus eine Bedrohung.

Kennst du Förster? Einige von ihnen sind Baumkletterer? Nein? Gut! Ja es ist gut, dass du sie bislang nicht kanntest! Einer von ihnen wird dich heute besteigen und schon dabei viele deiner festen Äste mit einer kleinen Einhandsäge abschneiden. Solange er steigt, nimmt er dir dein Laub, geht er mit seinen an den Schuhen befestigten Steigeisen abwärts, wird er dabei nach und nach deinen Stamm in dicke Scheiben schneiden bis nichts mehr bleibt.

Wolltest du nicht immer, als du noch klein warst ein schön geschmückter Weihnachtsbaum werden? Wir legen einfach deine Zweige zum Mitnehmen vor die Tür, einige der Vorbeigehenden werden diese sicher gerne als Dekoration in der Adventszeit nutzen. Sie werden Weihnachtsgestecke und Adventskränze basteln. Du kannst dir nicht viel darunter vorstellen? Gut, ich erkläre es dir. Die Leute machen mit Kerzen und Flitter geschmückte Weihnachtsgestecke und die liebe, lange Vorweihnachtszeit wirst du leuchten, ist das nicht eine schöne Aufgabe?
Andere Zweige werden zum Totensonntag Gräber schmücken, um die dort ruhenden Toten zu ehren. Auch um Rosenbüsche wird man dich im Winter legen, um sie vor Frost zu schützen. Was man nicht braucht von deinen Zweigen wird zerschreddert und als Ganzjahresschutz unter Büsche und Bäume verteilt. Die Scheiben deines Stammes, zu Feuerholz zerhackt, werden im Kamin unsere Stube wärmen und uns zum Träumen bringen.

Mein lieber Baum, auch wenn es heute dein letzter Tag ist, in anderer Form bleibst du noch lange, lange bei uns. Eines ist jedoch gewiss, du hast nicht umsonst gelebt!

Alte Wünsche!

Weihnachten ein Fest für Menschen,
voller Hoffnung, Liebe, Leid,
oft voll Schnee und bittrer Kälte,
Winterkleidung, Schneeschiebzeit.

Doch es gibt auch viele Länder,
wo zur lieben Weihnachtszeit,
Menschen in den Meeren baden,
Goldne Sonne weit und breit.

Hier stehn draußen Futterkästen,
und auch drin am Weihnachtsbaum,
sitzen viele bunte Vögel,
feiern mit den Weihnachtstraum.

Alle muntren Vögel draußen,
haben einen Gabentisch,
voller Samen, Brot und Nüssen,
jetzt zum Fest ist alles frisch.

Aber drin, die gläsern Vögel,
sitzen still am Weihnachtsbaum,
träumen sie auch wie wir Menschen,
hoffnungsvoll den Weihnachtstraum?

Menschheitswunsch seit alten Zeiten,
Gesundheit, Liebe, Frieden, Geld.
Was wir träumen, was wir wollen,
träumen alle auf der Welt.

Denn die Menschen dieser Erde,
ob sie schwarz, ob gelb ob braun,
wie ihr Glauben ist; und werde,
überall der alte Traum:
<u>Friede auf Erden und</u>
<u>den Menschen ein Wohlgefallen!</u>

Treuenbrietzen

Treuenbrietzen

Treuenbrietzen, meine Liebe, Treuenbrietzen, meine Stadt,
Die schon meiner Kindheit Spiele, und auch Leid gesehen hat.

Ich war einst in deiner Mitte, du bist heute noch in mir,
Meine Eltern und die Freunde fand ich immer gern bei dir.

Alle Straßen und die Gassen sind bekannt und sehr vertraut.
Auch der Park mit seinen Wegen gehen unter meine Haut.

Darum, liebes treues Brietzen, ich liebe dich so wie du bist,
wenn auch manches sich verändert, was der Lauf der Dinge ist.

Treuenbrietzen, meine Liebe, Treuenbrietzen, meine Stadt,
Wohl dem Menschen auf der Erde, der so eine Heimat hat.

Düfte der Kindheit

Unvergessen, wie das in meiner Heimatstadt überall duftete!
Meine Erinnerungen daran werden stets mit Treuenbrietzen verbunden sein.
Wie die Wege an der Nieplitz und im Park im Spätherbst nach Wasser, altem Laub und Erde rochen, wie stark die Wallnüsse im Garten unserer Wirtsleute dufteten. Die winzigen blauen Veilchen strömten einen so süßen Duft aus, die man im Frühling unter so manchen Büschen am Wegesrand, besonders hinter der Gärtnerei Altmann fand. Oh, wie gut roch es immer wenn der Zirkus in unsere kleine Stadt kam, die Pferde in der Manege hatten einen ganz besonderen intensiven Geruch. Wenn auf dem gleichen Platz dann, ein „Rummel" aufgebaut wurde, entströmten den verschiedensten Buden verlockende Gerüche, und ich musste die wenigen Pfennige in der geballten Faust festhalten, um sie nicht zu früh auszugeben.
Meine kleine Schwester, ein Baby noch, war für mich von betörendem Duft. Vielleicht von Mütterchen Natur so eingerichtet, das selbst eine pubertierende Dreizehnjährige nichts dagegen hatte ein Kleinkind zu betreuen? Nur die Windeln der Kleinen beleidigten meine empfindliche Nase. Damals stellte man schnell einmal fest „das stinkt".

Die Düfte meiner Kindheit waren überaus intensiv und blieben bis heute unerreicht. Ist man als Erwachsener stärker auf andere Dinge konzentriert? Oder wird die Nase im Laufe der Jahre abgehärteter? Was kann das berühmteste Parfüm der heutigen Zeit dem berauschenden Duft aus den Apfelkisten, die im Herbst in dem Regal meines Stübchens überwinterten, entgegensetzen? Eigentlich ist es pure Verschwendung, Äpfel in Kellern und Kammern aufzubewahren, wo niemand wohnt, der in den Genuss des Duftes kommt. Aber die heutigen Äpfel riechen sowieso nicht mehr so verlockend wie die meiner Kinderzeit.

Viele Eltern wundern sich, warum ihre Kinder bestimmte Speisen partout nicht essen wollen. Gerüche mögen da einer der Ablehnungsgründe sein, denn Kindernasen sind sehr empfindlich. Normalerweise war ich als Kind eine: „fleischfressende Pflanze", jedoch der Wrasen, von kochendem Hammelfleisch „stank“ mich an. Und obwohl wir um 1948 noch Hungerzeiten durchlebten, aß ich dieses Fleisch nicht. Obst dagegen duftete so lieblich, dass mir das Wasser schon vor dem Verspeisen im Munde zusammenlief.

Und erst die Weihnachtszeit! Der Duft von Gebackenem und Gebratenem, Gewürze in Kuchen und Keksen. Der Glühwein, mit Nelken, Zimt und Kardamom, wetteiferte mit dem Duft von Zitronen, Apfelsinen oder Äpfeln. Jeder von ihnen beanspruchte einen Duftplatz in Küche und Stube. Sie einigten sich zu einem unverwechselbaren Einheitsgeruch, dem „Weihnachtsduft“.
Las ich damals in meinen Märchenbüchern von den „Wohlgerüchen Arabiens“, hatte ich sofort die Düfte der Weihnachtszeit in der Nase.

Sicher hat jeder Mensch andere Geruchserinnerungen. Ich erinnere mich, dass meine Mutter immer vom Duft der Heimaterde schwärmte, von den aufsteigenden Gerüchen, wenn der Pflug die Erdschollen aufbrach, das war für mich damals ein unbekannter Geruch. Meine Enkel, im Überfluss von Obst, Gemüse, Blumen und ausländischen Speisen aufwachsend, werden einmal ganz andere „Erinnerungsdüfte“ ihr Eigen nennen.
Gern bin ich auch jetzt hin und wieder in Treuenbrietzen und immer wieder kommt es dort vor, dass mir ein vertrauter Duft aus der Kindheit in die Nase steigt, dann bin ich froh, die Gerüche meiner Kinderzeit nicht auf immer missen zu müssen. Dennoch, so sinnbetörend wie einst, riecht es nie und nirgends mehr.

Treuenbrietzen, Stadt meiner Kindheit

Treuenbrietzen, die kleine Stadt am Rande des Flämings ist ein wunderbarer Ort, um heranzuwachsen. Für uns Nachkriegskinder gab es dort keine wirklichen Gefahren, abgesehen von den Überresten des Krieges.
Wir waren gerade erst Schulkinder geworden, da kannten wir uns, in der Innenstadt Treuenbrietzens, schon recht gut aus.

Täglich nach der Schule und auch ganztägig in den Ferien, wurde „herumgestromert".
Fast alle Väter und Mütter gingen arbeiten und wussten nur wenig von unseren Streifzügen. Einen Hort kannten meine Freundinnen und ich noch nicht. Angst, verloren zu gehen, hatten wir nicht, auch wenn es manchmal vorkam. Die Einwohner des Städtchens waren meist freundlich, viele kannten sich, sie nahmen Anteil am Leben der Nachbarn. Bei Bedarf wiesen sie uns Kinder in unsere Schranken, zeigten uns aber auch die Straßen nach Hause, wenn wir uns verlaufen hatten und den Weg nicht fanden. Denn oft verließen wir bei unseren Streifzügen die Altstadt.
Das Stromern führten uns bis auf die obstbaumbestandenen Chausseen um die Stadt herum oder in die Gärten am Rande der Stadt, zurückgehen war dann nicht so einfach, sah doch jeder Weg plötzlich ganz fremd aus.
Zur Schule gingen wir zu Fuß, große Entfernungen waren ja nicht zu überwinden, enge Gassen und schöne breite Straßen lagen dicht beieinander, da die Altstadt im Mittelalter von einer Stadtmauer umgeben war. Straßenverkehr in Treuenbrietzen gab es damals kaum.
Wir spielten überall auf den Straßen und Plätzen: mit Kreisel oder Springseil, Stelzenlaufen oder Messerwerfen. Treibjagd, „Räuber und Gendarm," Herr Fischer, Herr Fischer wie tief ist das Wasser?",„Bäumchen wechsle dich" und manch anderes Spiel.
Das die Stadt durchquerende Flüsschen, die Nieplitz, bot uns Kindern zu jeder Jahreszeit Verlockungen.
Wurde es Frühling, fingen wir „Stichlinge", winzige Fischlein für unsere „Aquarien", wie wir die großen, dafür genutzten Marmeladengläser nannten.

Im Sommer paddelten wir in alten Treckerräderschläuchen auf der Nieplitz, ihre sanfte Strömung nutzend.
Im Herbst verlockte das flach gewordene Bachbett, darin herumzuwaten, und im Winter, ging es aufs Eis, um zu schliddern oder Schlittschuhe zu laufen. Selbst einzubrechen blieb ungefährlich, da das Wasser nur knietief war.
Alte, von Bäumen gesäumte Wege begleiteten die Nieplitz, über mehrere Brücken führend, bis nach „klein Venedig", wo kleine Häuschen und Blumengärten, ohne Sichtschutz das Wasser säumten.
Zu ihnen führten private Stege. Das romantisch aussehende „Klein Venedig" war ca. fünfzig Meter lang und reichte bis zu den beiden Grundschulen der Stadt, die gleich neben der verkehrsreichen Hauptstraße lagen.
In der Badeanstalt oder auch am Wochenende im öffentlichen „Wannenbad" ging es ebenfalls munter zu. Überhaupt diente der Stadtpark, in dem auch die Badeanstalt lag, oft als Treffpunkt bei unseren kindlichen Verabredungen. Hier war es so schön, dass selbst die wildesten Kinder so manches Mal einfach still auf einer Bank vor sich hin träumten, vielleicht auch nur neuen Dummheiten ausheckten.
Oft kamen der Zirkus und der Rummel nach Treuenbrietzen, was Kinderherzen in aller Welt höher schlagen lässt, auch unsere. Alle meine Freundinnen und ich waren jede freie Minute dort anzutreffen. Ach du „Rummelliese" seufzte meine Mutti, wenn ich schon wieder, um Pfennige bettelnd, vor ihr stand.
Und noch etwas war außergewöhnlich in Treuenbrietzen, wir Kinder kannten alle den Bürgermeister unserer Stadt. Jedes Jahr hielt er, am Abend des 1. Juni, des Internationalen Kindertages, nach dem großen Kinderfest, eine Rede an uns Kinder vom Balkon des Rathauses. Wir waren nicht wenig stolz an diesem Tage die Hauptpersonen zu sein.

Ja, ich erinnere mich gern, an meine friedliche, interessante Kinderzeit im Städtchen Treuenbrietzen, eine Zeit voller persönlicher Freiheiten, Freundschaften und auch uneigennütziger Hilfen für die Jüngsten. Nicht nur beim „Kariedeln" in der Fastnachtszeit, sondern auch im Verlauf des Jahres gab es für hungrige Nachkriegskinder gute Quellen, um sich zusätzlich zu versorgen. Die tägliche Flasche Vollmilch und ein Brötchen in der Schule war viele Jahre selbstverständlich. Wurstsuppe durften wir von den Bauern holen, wenn geschlachtet

worden war. Landwirtschaftliche Betriebe gab es zu der Zeit noch viele in Treuenbrietzen.
Jede Art von Kinderhilfe bei Nachbarn, wurde mit Nahrungsmittel in verschiedenster Form belohnt.
An den Polterabenden vor einer Hochzeit wurde tüchtig Kuchen verteilte an die Kinder, die sich dort einfanden.
Auf den abgeernteten Feldern durften wir „Nachlese" halten, und kaum jemand schimpfte, wenn im fremden Garten ein heruntergefallener Apfel mitgenommen wurde.
Nachkriegszeiten, sind schwere Zeiten, geprägt von Armut und Verzicht.
Wir mussten sie, wie viele tausend andere Menschen in unserem Land durchleben.
Wir Kinder aus Treuenbrietzen, hatten es, auf Grund der vielfältigen Möglichkeiten leichter, friedlich, fröhlich und sorglos aufzuwachsen, als viele junge Menschen im Nachkriegsdeutschland. Es war trotz aller Mängel eine schöne Kindheit.

„Die Nieplitz" an der Badeanstalt / Siegmar Stechbart

„Poesiealben“

Eigentlich schon vor mehr als fünfzig Jahren, noch in Treuenbrietzen, schenkte mir Mutti zur Einsegnung ein Erinnerungsbüchlein, ein „Poesiealbum“, weil ich ja nun wohl „vernünftig“ genug sei, mein Leben lang darauf aufzupassen. „Der Sinn so eines Albums sei es, in jungen Jahren lieben Menschen die Möglichkeit zu geben, dem Besitzer etwas Nettes zu sagen, an das er sich dann ein Leben lang erinnern könnte.“

Ich ließ also schreiben!

Freunde in Treuenbrietzen, Verwandte in Berlin und anderswo. Später Mitschülerinnen in der Pädagogischen Schule, meine jeweiligen Mentorinnen und nach dem Abschluss der Schule erste Kolleginnen und Freundinnen in Brück. Menschen, die mir damals und oft auch noch heute, etwas bedeuteten sind in meinem Büchlein verewigt.

So lange das Leben „tobte“, vergaß ich es, nur hin und wieder kam es mir beim Räumen in die Hände, es wurde schnell durchblättert, gelächelt und weggestellt. Heute, als Oma mit über siebzig Jahren habe ich es oft in den Händen, betrachte Eintragungen bereits Verstorbener mit Wehmut, frage mich was aus dieser oder jener Person wohl geworden sei.. Ich nahm es zur Hilfe bei meinen schriftlichen Aufzeichnungen für das „Rinnsteinkind“, oder schmunzele auch heute noch über so manchen Vers. Oft passen sie ja zum Schreiber besser als zum Empfänger.

Bei meinen Rückblicken sehe ich meine Freunde genau vor mir, erinnere mich an Ereignisse und bin auch stolz darauf, mich für keinen von ihnen schämen zu müssen. Trauer und Wehmut dagegen beschleichen mich, wo ist unser Leben geblieben?

Zu Zeiten der Eintragungen aller Wünsche, die im Buch stehen, lag die Welt, das Leben, mit all seinen Möglichkeiten vor uns, jetzt stehen wir Beteiligten alle auf der „Abschussrampe“. Die Jahre sind vergangen, die Erinnerungen jedoch sind von gestern, so erscheint es mir heute. Ein kluger Mann hat mal gesagt: „Wenn einem in jungen Jahren schon klar wäre wie wenig Zeit man hat, würde man nicht so viel davon für NICHTS verschwenden.“

Zum ersten Mal

Zum ersten Mal im Leben nur das tun, was gefällt,
das ist für viele Menschen der schönste Traum der Welt.

Doch manche von den Dingen, die wir zuerst getan,
wollten uns nicht gefallen und gehen auch Niemand an.

Jedoch sich erst verlieben, dann immer glücklich sein.
Auch Ehe, Kinder, Wohnung woll'n gern errungen sein.

Zum ersten Mal auch staunend vor Weltenwunder steh'n
und bei der Arbeit zeigen, wie neue Wege geh'n.

Bleibt uns mal Zeit zum Träumen, so denkt man dann und wann,
an viele von den Sachen, die man zuerst getan.

Von allem unsrem Streben, von allem was uns treibt
wird wenig nur bestehen, das in Erinnerung bleibt.

Und geht es einst ans Sterben, verlassen was man liebt,
wird man zuletzt erfahren, ob's andere Welten gibt.

Gedanken

Oft steh ich mir im Wege, bei allem was ich tu,
dann will ich mit mir schelten, doch ich hör mir nicht zu.

Ferien in der Großstadt erleben

Sie konnte sich daran erinnern, hin und wieder mit der Mutter im großen Berlin, Arbeiterviertel Wedding, bei deren Schwester Gertrud, zu Besuch gewesen zu sein.

In diesem Jahr nun, sie mochte etwa zehn, elf Jahre alt sein, war alles anders.
Die Mutter reiste nach einem Tag wieder ab. Sie selber aber blieb, in den Ferien, bei Tante und Onkel, die in Berlin-Wedding, gegenüber dem Virchow-Krankenhaus wohnten.
Ein kinderloser Haushalt, der sie schon bald durch seine Sauberkeit und Ordnung bestach.
Ein immer vorgegebenes, gleichförmiges Leben begann sie zu umfangen.
Nach jedem Frühstück war der Hausputz in der kleinen Berliner Wohnung bald gemacht. Hin und wieder gingen sie in die „Rehberge", zum wandern und Waldtiere anschauen.
Meistens fuhr sie mit dem Onkel zu den „Hallen", einem nahen, ansässigen Markt.
Sie besorgten, was die Tante aufgeschrieben hatte. Diese war Hausfrau und immer in der Wohnung, einen Garten gab es nicht, Telefon, Fernseher, Radio ebenfalls nicht.
Onkel arbeitete „Schicht" als LKW-Fahrer bei der Milch-Firma „Bolle".
Immer fiel beim Einkaufen auch etwas Leckeres für sie ab, meist eine große Delikatessgurke, deren außergewöhnlichen Geschmack sie im Leben nicht mehr wiederfand.
In dem Zusammenhang gab es auch eine Erinnerung an die erste Banane ihres Kinderlebens, die halb gegessen im Rinnstein landete, weil sie nicht auf bekannte „Geschmacksnerven" gestoßen war und somit „nicht schmeckte".
Die Schimpfrede des Onkels: „sei nicht so kiesetig, andere Kinder würden sich freuen", klang ihr lange in den Ohren, sie schämte sich Essen weggeworfen zu haben.
Es waren immerhin noch knappe Nachkriegszeiten. Die Verwandten trugen ihr jedoch nichts nach.

Täglich half sie der Tante ein gutes Mittagessen vorbereiten und verspeisen, der Abwasch wurde mit gemeinsamen Gesang und guter Laune bewältigt.
Eine Stunde Ruhezeit, für alle, sie nutzte diese Zeit zum lesen, während die Erwachsenen schliefen.
Ab Nachmittag erlebte sie fast täglich, mit der Tante Gertrud, interessante Dinge, schöne Zeiten für das heranwachsende Mädchen.
Da wurden, zum Beispiel, Dinge des Haushalts oder hübsche „Sächelchen" für sie bei „Woolworth" oder „Hertie" eingekauft, Bücher in der Stadt getauscht. Oft wurde ein Café besucht, um bei Torte und Schokolade das neu Erstandene noch einmal genau anzusehen. Blieben sie mal zu Hause, gab es auch Kuchen und dabei Gespräche über Tischsitte, Verhalten, Anstand, Freundschaft aber auch über Politik, Filme oder Bücher.
Sie hörte von Bildern, Versen, Verpflichtungen der Erwachsenen und der Welt im Allgemeinen, denn Tante war ausgebildete Kindergärtnerin und immer bemüht, ihre Meinung, ihr Wissen weiter zu geben.
Es gab ja keinen Fernseher und so wurde an den Abenden gelesen, geschwatzt oder ein Kino besucht.
Bei jedem Kinobesuch gab es für sie, die Kleine, fünfzig Pfennige, um Kinoknabberei kaufen zu können. Eine kleine Tafel „Karina Schokolade", „Schokolinsen" oder eine schwarze „Lackritzpfeiffe", die fremd und aromatisch schmeckte.
Später im Dunkeln, beim Heimgehen wurde immer ein Würstchen von der Bude gegessen.
Manchmal durfte das Mädchen, an den Nachmittagen, Kinderkino um die Ecke, im Haus der Freundin Helgard, die sie bei Freundschaftstreffen mit der Tante kennengelernt hatte, alleine besuchen.
Mit Helgard spielte sie in deren Wohnung.

Helgard

Schauspielerbilder wurden ausgeschnitten, gesammelt und in Hefte geklebt, ein Poesiealbum angelegt und Stammbuchbilder getauscht. Einmal gab es einen Besuch im Zoo für alle gemeinsam.
Schöne Zeiten, für ein kleines, schmales, wenig verwöhntes Mädel.
Nach sechs Wochen hatte sie:

- zum ersten Mal „Fettzellen“, gleich für das ganze Leben angesetzt,
- Tante und Onkel wirklich kennen und lieben gelernt,
- einen Zeit- und Ordnungssinn für immer inhaliert,
- gute Tisch- und sonstige Manieren erlernt,
- erstes Interesse für politische Zusammenhänge und Filme entwickelt,
- sch im Stadtteil einer Großstadt allein zurechtzufinden gelernt,
- und war zum ersten Mal in ihrem Leben in den „Ferien“ gewesen.

In der Falle

Sie war mit fast vierzehn noch ein Kind, lebte im „Niemandsland“ einer heranwachsenden Frau, nicht mehr wirklich Kind und noch nicht erwachsen. In der Nachkriegszeit sehr behütet aufgewachsen, kannte sie noch nicht die verwirrenden Möglichkeiten der Annäherung von Jungen und Mädchen die auf dem Weg waren, bald Männer und Frauen zu sein.

Immer wenn sie mit den Eltern in die große Stadt fuhr, die Verwandten zu besuchen, war da der Nachbarssohn. Er war dunkelhaarig, groß gewachsen und sehr nett, für die kurzen Besuchszeiten ein Brudererersatz. Einige Jahre älter als sie, zeigte er ihr seine neusten Spielsachen, ließ sie auf seiner Schaukel, die zwischen zwei Stuben in dem Türbalken befestigt war, schaukeln und schenkte ihr oft von seiner Schokolade. Der größere Anziehungsfaktor war aber immer die Schaukel.
Heute hatte er versprochen ihr etwas Neues zu zeigen, sie freute sich schon, waren doch die Spiele im Westen Deutschlands so fremd und interessant für ein „Ostmädel“. Freudig ging sie mit ihm. Das „Neue“ was er ihr dann verstohlen, hinter der geschlossenen Tür zeigte, waren Bücher, Bücher mit so gewissen Bildern. Es waren nie gesehene verwirrende Bilder für das noch Kind. Peinlich das alles. Ihr Herz schlug laut, was sollte das? Warum zeigte er ihr so etwas? Sie wollte nichts als weg, aber der Hals schien ihr wie zugeschnürt. Sie konnte nichts sagen und auch nicht rufen. Panik, ein bisher fremdes Wort für sie, begann sich auszubreiten, nahm ihr die Überlegungskraft. Er aber lachte, blätterte weiter, hielt sie fest. Und den hatte sie mal als ihren „Bruder“ gedacht, ein wenig auch schon zu bewundern begonnen, weil er so hübsch und freundlich war, welch ein Irrtum! Sie hatte ihm vertraut, nun saß sie in der Falle. Ein leichtes Entsetzen packte sie, unterschwellig Gehörtes kam ihr in Erinnerung, sollte es ihr jetzt so gehen wie, wie die Erwachsenen hin und wieder mahnend gewarnt hatten? Aber er war doch kein Fremder.
Da donnerte es plötzlich an die Tür: „Macht auf, ich weiß das ihr da drin seit, ich will auch schaukeln, aufmachen, ich sag’s Mutti.“ Er machte die Tür auf, schnell sogar!
Nie im Leben hatte sie ihre jüngere Schwester so geliebt wie heute. „Komm, komm mit, wir gehen uns ein Eis holen!“, sie lachte, lachte sehr froh die Kleine an und die kam ohne Zögern mit, gern sogar.
Wenn man auch nie mehr im Leben darüber spricht, Kinderfreundschaften können manchmal, zum Erstaunen der Erwachsenen, sehr schnell zu Ende gehen.

Kindergedichte für die ganz Kleinen

1. Freunde

Kleine bunte Matroschka,
hab dich lieb, das weißt du ja.
Buratino mit der Nas',
macht mir aber auch viel Spaß.

2. Ungeduldig

Kleine Schwester Ungeduld,
steh doch einmal still.
Weil ich lieb und vorsichtig
dich frisieren will.

Sieh, dein Haar ist wunderschön
lang und seidenweich.
Und hältst du dein Köpfchen still,
kämm ich es dir gleich.

3. Die Fliege

Fliege, Fliege, Fliege,
wenn ich dich mal kriege!
Summst und brummst mir immerzu
Um das Essen rum, im Nu.
Krabbelst mir auf Nas' und Bein,
Ärgerst mich, so lass das sein!
Wart Fliege, Fliege, Fliege!
Bis ich dich mal kriege.

Kasimir

Ankes Kater Kasimir
ist ein ganz besond'res Tier.
Er stelzt stolz auf allen Vieren
neuen Schnee auszuprobieren.

Doch der Schnee ist nass und kalt
und der Kasimir merkt bald,
pitschenass sind Bauch und Bein,
au, miau, kommt lasst mich rein.

Da nimmt ihn Anke huckepack,
in der Kaputz vom Anorak.
Kasimir findet es schön,
so im Schnee spazieren gehen.

Wenn er nun nach draußen will,
umschnurrt er Anke leis und still.
Ja, der Kater Kasimir
ist ein ganz besond'res Tier!

Das Lob

Ein Lob, hurra1 Ein Lob.
Frau .....*Stechbar*t...... hat gesagt,
ich darf es mit nach Hause nehmen,
zur Mutti, wenn ich mag.

Das tolle Lob, das macht es wohl,
dass ich so fröhlich bin.
In meinem Kopf, in meinem Bauch,
ist lauter Freude drin.

„Zu Hause“, was ist das für mich?

Jeder hat eine andere Vorstellung von einem „Zu Hause“?
Sollte es witziges wohnen sein? Wie bei „Hundertwasser?“
Stellte ich mir „mondänes wohnen“, in einem der teuren Wohnkomplexe dieser Welt vor oder nur eine kleine Wohnung im vierten Stockwerk eines Plattenbaus?
Die Möglichkeiten ein Zuhause zu schaffen sind ja vielfältig. Mir sind vor allem die Menschen wichtig, die es mit mir teilen.
Ein „Zuhause“ muss in jedem Fall mein Lebensmittelpunkt sein, denn schon Novalis wusste: „Wo gehen wir denn hin? Wir gehen immer nach Hause!“.
Für mich hing der Begriff „wohnen“, seit jeher mit einem Haus zusammen.
Einem eigenen Haus, meinetwegen klein, aber mir gehörend.
Dieser Traum fand Erfüllung! Leicht vergisst man ja, dass die Erfüllung dieser Art von Träumen mit viel Arbeit verbunden ist.
Zum Beispiel, Sommer wie Winter Straße kehren, Fenster putzen, Keller und Boden pflegen, Schuppen und Werkstatt nutzbar machen, den Garten zu jeder Jahreszeit schön halten und speziell den Pool stets augen- und körperfreundlich pflegen. Dazu kommen dann noch die normalen Pflegearbeiten, die Wohnen allgemein nun einmal mit sich bringt.
Warum wünscht man sich so etwas?
Da ist nicht nur der Gedanke: „Es ist mein Eigentum“, nein, es ist viel mehr. Dieses: „Hier gehöre ich her“. „Hier bin ich angekommen“. Hier bin ich „zu Hause“. So wie es ist, unvollkommen zwar, aber dennoch gut für mich, das ist es, was zählt.
Nie empfinde ich mehr, als nach einer Reise, hier her führten mich alle Wege.
Ich atme richtig auf, wenn ich vor der Tür stehe, endlich angekommen bin.
„Zu Hause“, das sind auch die Bäume vor und hinter dem Haus, es sind die Nachbarn, die verlässlich, Jahr um Jahr neben uns zu finden sind, es sind unsere vertrauten Bäcker, Fleischer, Gärtner, Geschäfte dieser Gegend, die uns versorgen. Es sind auch die Menschen des

Ortes die man im Laufe eines Lebens kennen, lieben oder auch nicht mögen lernt.
Unser Garten, der uns zu jeder Jahreszeit vor Augen führt, wie viel Zeit und Liebe wir für ihn hatten. „Zu Hause“, das ist für mich dann im Winter Schnee schippen oder Vögel füttern, es ist der Ort an dem ich die Weihnachtskekse backe oder unsere Feste feiere. Ich persönlich verbinde mit einem zu Hause nicht die Wohnung im sechsten Stockwerk eines Hauses, nicht die vierte Unterkunft, die ich mir auf irgendeiner Insel leisten kann, ich brauche kein Luxussteil um mich wohl zu fühlen, ein „Zuhause“, sind für mich, ein Haus und Liebe zu bekannten Menschen, die mich in ihrer Mitte aufgenommen haben. Hierher kommen wir seit vierzig Jahren von jeder Fahrt zurück, Novalis hat Recht „Wohin gehen wir? „Wir gehen immer nach Hause!“.

Hier wäre nun eigentlich der Schluss meiner Gedanken, jedoch das Leben wird zeigen, dass sich ändernde Lebenssituationen auch Ansichten und Wohnwünsche ändern.
Schwindende Kräfte, Krankheit oder Einsamkeit können ein einst geliebtes „zu Hause“ zur Belastung machen, dann?
Dann müssen wir weiter sehen!

Kinderspiele nach dem 2. Weltkrieg

Was soll ich Euch erzählen über unsere, mein Freizeitbeschäftigung als Kind?

Kindergärten und Horte gab es nicht, die Unterkünfte waren eng und klein, so spielten wir eben meist auf der Straße, in den Anlagen, den Hausgärten oder Höfen.
Hier hatten wir Mitspieler, aber natürlich auch Beobachter. Die Nachbarn schauten sogar z. T. hinter den Gardinen zu, manche mischten sich auch ein, wenn es nötig schien.
Bedenkt, die Fernseher waren noch nicht erfunden, selbst ein Radio kam nicht in jedem Haushalt vor.
Aber den „Onkel Tobias", mit seinen Erzählungen, Liedern und seinem Kasperletheatern, kannte zu dieser Zeit trotzdem wohl jedes Kind.
Durch die Ausschließlichkeit des Hörens wurde bei Jedermann die Phantasie angeregt und beflügelt.
Wir brauchten allerdings auch sonst Phantasie, denn Geld für Spielsachen gab es kaum, höchstens für preiswerte Kleinigkeiten, die dann schon Weihnachts- oder Geburtstagsgeschenke waren.
Wie behelfen sich Kinder mit Spielmöglichkeiten, in schlechten Zeiten?
Sie lassen nicht den Kopf hängen, wenn ihnen Spielzeug fehlt, sie denken sich einfach etwas anderes aus. (Jeder Waldkindergarten wird es mir bestätigen.)
Kreis und Fangspiele, für kleinere Kinder gibt es ja heute noch ohne Ende.
Nicht zu vergessen, Basteln und Falten mit Papier. „Himmel und Hölle" spielte wohl fast jedes Kind der damaligen Zeit mal.
Neue Spiele verbreiten sich bei den Kindern in Windeseile, alte Spiele aus Großmutterzeiten werden dazu genommen, kosten nichts und bringen Zeitvertreib und Spaß, fertig.

Für die, die es interessiert, entweder um sich zu erinnern, oder für gestresste Eltern zu Hause, oder auf Reisen, sowie allen Erzieher generell, hier mal einige Kostproben davon.

Wenn im Frühling, Sommer und Herbst die Blumen blühen, bedarf es keines Spieles.
Wiesen - oder andere Blumen pflücken und Kränze winden. Schöne Blätter sammeln und mit starken Kiefernnadeln oder dünnen Zweiglein aneinander stecken, bis auch sie einen Kranz ergeben. Macht Spaß und vertreibt Kindern gut die Zeit.

Beispiele:

1. „Boot fahren"
Große, aufgeblasene Gummischläuche aus Auto oder Treckerreifen (gibt es sicher kaum noch, aber dann findet sich anderes) wurden, wenn es warm war, in die Nieplitz geworfen. Wir setzten uns mit dem Po hinein, nahmen die Hände als Paddel, oder auch mal flache Holzbretter, und paddelten frohgemut die Nieplitz entlang.
Auch so manche alte Blechbadewanne wurde als Boot umfunktioniert.

2.„Räuber und Gendarm"
auch ein beliebtes Spiel.
Die mitspielende Gruppe überlegte ein Stadtgebiet, legte genaue Grenzstraßen fest, dann teilte man sich in eine Räuber und eine Gendarmenhälfte..

- die „Räuberkinder" bekamen 5 Minuten um sich weit im Gebiet zu verstecken, dann begannen die „Gendarmen „diese zu suchen.
- wurden alle „Räuber gefunden, hatte diese Gruppe gewonnen, ansonsten umgekehrt.
  Die Gruppen wurden getauscht, noch einmal alles von vorn, so oft wie beliebt.

Im Winter im Dunkeln gespielt, nicht so einfach.

3. Ein ähnliches Spiel „Mutprobe"
Hinter unserer Breiten Straße gab und gibt es die Nieplitz, mit einem baumbestandenen Weg.
Von der Brücke Breite Straße, bis „Maßwig" dem damaligen Lebensmittelladen, ca 1-2 km.
Eine Gruppe wartete vorn, die andere am Ende.
Wer wagte sich im Stockdunkeln allein dort hinten entlang.

Innerhalb der Strecke gab es ca. 50 Gartentüren und eine Brücke, wo unverhofft jemand auf diesen Weg kommen konnte.
Irgendwann sind wir ihn alle gegangen mit mehr oder weniger flatternden Knien.

4. In den, dem beschriebenen Weg folgenden Anlagen, mit vielen Bäumen, ließ sich auch gut „Bäumchen wechsle dich“ spielen.
So viel Kinder, fast so viele Bäume benötigt man.
Es wurde genau vorher bestimmt, welche Bäume das Spielfeld waren.
Jedes Kind an einen Baum, ein Mitspieler bekam keinen.
Aber wer? Hier kannten wir Abzählreime ohne Ende.
Alle Kinder im Kreis, einer sprach und tippte dabei ein Kind nach dem anderen an: z.B. „Auf einem Klavier, da stand ein Glas Bier, wer daraus trinkt, der stinkt“ oder „Ich und du, Müllers Kuh, Müllers Esel, das bist du“, wer angetippt wurde war raus.
Dran war aber der, der zuletzt übrig blieb. Dieser Spieler rief laut: „Bäumchen wechsel dich!“
Alles lief durcheinander suchte einen anderen Baum, endlich dort angekommen, war er von einem schnelleren Kind schon besetzt.
Das Kind, das am Ende des Wechselns ohne Baum war, musste nun seinerseits rufen.

5. Ähnlich auch „Steh, Geh“
Ein beliebig großes Rondell wurde aufgezeichnet oder besprochen, ein Mitspieler dazu abgezählt, den Anfang zu machen.
„Ene mene mingmang, mingmang, pinkpang, ene meine muh und raus bist du!“
Jetzt begannen alle Mitspieler, in dem abgesteckten Feld durcheinander zu laufen.
Der ausgewählte Spieler, rannte auch, stieß das nächste Kind an und rief: „steh!“, dann musste dieses Kind stehen bleiben.
Je schneller der abgezählte Spieler lief, umso eher hatte er eine Chance alle Kinder, die noch laufen durften, weil er sie noch nicht berührt hatte, anzutippen und „steh!“ zu sagen.
Alle noch nicht berührten Kinder durften nämlich auch ihrerseits laufen und die Stehenden berühren und „geh!“ sagen.
Alles sah Anfang des Spieles ziemlich durcheinander aus.
Manche Spieler schummelten auch.

Ein Aufpasser tat dann Wunder, manchmal auch ein netter Erwachsener.
Je weniger Kinder mitspielten und je kleiner der ausgewählte Platz war, desto eher gelang es dem „Läuferkind“ tatsächlich alle Anderen zum Stehen zu bringen. Hatte er es geschafft, durfte er dann auch aussuchen, wer ihn nun ablösen musste.
Schaffte er es nicht, lief er unendlich oder bis neu abgezählt wurde.

6. „Figurenwerfen“
Irgend ein Abzählvers, z. B. „Ene, meine, miste, es rappelt in der Kiste, ene, mene, muh, und raus bist du!“ aufsagen. Der zuletzt übrig bleibende Mitspieler war der Anführer/Werfer.
Er fasste nun den ersten Mitspieler an einen Arm und schleuderte ihn, nach einigen Umdrehungen, von sich.
So verrenkt wie dieses Kind zum Stillstand kam, musste es stehen bleiben.
Der Anführer schleuderte das nächste Kind, usw. usw. bis alle Mitspieler irgendwie verrenkt um ihn herum standen oder lagen.
Er wählte dann die, seiner Meinung nach schönste Figur, dieses Kind war der nächste Werfer/Anführer/Aussucher.

7. „Eckenkieker“
Auch ein schnell und gern gespieltes Spiel.
Ein stehendes Fahrzeug auf der Strasse, eine einsam stehende Scheune, ein einzelnes Haus, oder sogar ein kleines Häuserkarree, musste als Grundlage, als Hindernis vorhanden sein, dazu mindestens 6 oder mehr Kinder.
Eine Seite des Fahrzeuges oder Hauses war „Berlin,“ die andere wurde festgelegt als „Stettin.“
Alle Kinder wurden in zwei Gruppen aufgeteilt. Wenn es nötig war, mit Abzählversen. An jede nicht benannte Kurzseite postierte sich die erste und zweite Hälfte der mitspielenden Kinder. Also gegeneinander stehend, dazwischen das Hindernis.
Die als erste ausgewählte Kindergruppe grölte : „Eckenkieker Bummelante von wo kommst du?“
Die zweite Gruppe antwortete je nach Wunsch: „Von Berlin“ oder eben: „Von Stettin!“
Dann rannten alle Kinder los.

Die von Stettin kommen wollenden Kinder, natürlich an der Stettiner Seite entlang.
Die erste Gruppe rannte, so schnell sie konnte, auf die nicht gerufene Seite, in diesem Fall „Berlin“ entlang, um den Wagen oder das Haus herum auf die Stettiner Seite.
Waren ein oder gar mehrere, der an Stettiner Seite weggelaufenen Kinder, noch zu sehen, rief man sie beim Namen und sie mussten ausscheiden.
Das Spiel ging weiter, bis der letzte Spieler der zweiten Gruppe übrig war. Er suchte sich von allen Mitspielern die Hälfte aus, die nun ihrerseits die erste Gruppe waren und jetzt auch riefen :
„Eckenkieker, Bummelante, von wo kommst du?“
Gespielt wurde, solange man wollte oder durfte.

Vom Annecktionsspiel „Länderklau“ schrieb ich ja im Text bereits, hierzu benötigte man allerdings ein spitzes Messer.
Auch das Hüpfspiel „Grün, grün, grün sind alle meine Kleider“ ist im Text enthalten, sowie „Murmeln“.

8. „Blumenschau“
Im tiefsten Winter, Frostgrade vorausgesetzt, färbten wir Wasser mit roter, blauer, grüner oder schwarzer Tinte. Auch mischten wir Farben, wenn wir es besonders gut machen wollten, rot blau zu violett.
Gelb und braun gab es von abgekochtem Zwiebelschalensaft
Jede Farbe wurde einzeln in flache alte Gefäße oder Deckel geschüttet und zum gefrieren ins Kalte gestellt. Meist gefror es schnell.
Die farbigen Eisstücke konnten nach Bedarf auch zerschlagen werden.
Mit all diesen bunten Eisstücken legten wir die prächtigsten Blumen, quasi, wie Mosaike, in den weißen Schnee, den wir vorher festgestampft hatten.
Vorsicht, es färbt wie doll, Handschuhe sind hinterher verdorben.
Das war eine prächtige „Blumenschau“. Wenn viel Kinder mit gemacht hatten, gelang diese meistens besonders farbenfroh und interessant. Man konnte es auch gut alleine machen.
Diese Pracht hielt tagelang, und wurde bei Neuschnee wieder vorsichtig frei gefegt.

Bei Tauwetter war es dann weniger schön, da die Tinte lange färbte, aus diesem Grunde muss man auch gut überlegen, wo man das Blumenschau-Gärtchen im Winter hinsetzt.

9. Ein weiteres Hüpfspiel hieß bei uns „Die Wochenhopse".
Stellt euch ein Kirchenkreuz vor. Drei Kästchen übereinander oben angrenzend drei Kästchen nebeneinander, darüber in der Mitte noch ein letztes Kästchen, ergibt bildlich ein Kreuz.
Jedes Kästchen in diesem Kreuz trägt, von unten beginnend, einen Wochentagsnamen. Das Hopsegerüst wird entweder in den Sand gezeichnet oder auf viereckigen Pflastersteinen aufgemalt.
Ein Kieselsteinchen zum Werfen dazu, fertig.
Der erste „Hüpfer"wirft dieses Steinchen in das untere Kästchen „Montag".
Montag wird mit einem Fuß hüpfend übersprungen, dann wird auf dem gleichen Bein weiter in die Wochentage gehüpft, wobei niemals Linien berührt werden dürfen.
Alle Kästchen, Dienstag, Mittwoch, rechts Donnerstag oben Freitag, Links Samstag, werden, wie gesagt, mit einem Bein durchhüpft.
Im Mittelfach „Sonntag" darf man mit beiden Füßen stehen, ausruhen.
Zurück nur noch Mittwoch, Dienstag, dann auf dem einen Bein stehend, den Stein aus Montag aufheben, herausspringen.
Jetzt den Stein in „Dienstag" werfen und von vorn loshüpfen, bis man entweder einen Fehler macht, d.h. auf irgendeine Linie springt, oder den folgenden Wochentag mit dem Steinchen nicht trifft.
Das Kästchen in dem jeweils der Stein liegt, darf nie betreten werden, erst, wenn der Stein aufgenommen war.
Stellt euch das Ganze nicht zu einfach vor, auf eine Linie ist schnell gesprungen, alle Mitspieler passen ja auf, da sie ablösen wollen.
Nach einem Fehler kommt der nächste Mitspieler dran.
Obiges Spiel eignet sich sehr gut auch zum allein spielen, Zeit vertreiben.

10. Ein ähnliches Hopse-Spiel, jedoch etwas leichter, wurde anders auf die Erde oder Steine gemalt. Zwei Kästchen, bei Sanduntergrund, oder zwei Steine wurden zuerst ge- oder ummalt, dass sie erkennbar wurden, darüber auf die Lücke kam nur ein Kästchen bzw. Stein,

wieder darüber zwei Steine, darüber ein Stein usw. die Menge nach Bedarf, wurde aufgezeichnet.
Mit gegrätschten Beinen sprang man in die ersten beiden Fächer.
Danach sofort weiter mit einem Fuß in das darüber liegende eine Fach.
Also immer ein Bein, dann beide gegrätschte Beine, wieder ein Bein, usw. oben im Sprung umdrehen und das ganze zurück.
Alles in ziemlicher Geschwindigkeit durchsprungen.
Auch diese Hopse ist gut allein zu spielen, oder bei mehreren Kindern wartete man auf einen Fehler des Aktiven.
(Linie, oder Beine verwechselt, oben die Drehung nicht schaffen, wären hier Fehler.)

11. „Seilspringen"
Was besonders die Sportler heute noch gern als Fitnessübung nehmen, kannten wir auch. Es wurden Verse dazu gesprochen oder auch nicht.
Wichtig war, man hielt lange durch, über 100 war gut.
Auch rückwärts wurde das Seil geschwungen.
„Nähmaschine", das Seil bis Fußmitte, d.h. man stand auf den Fersen, wechselte auf die Zehen und schwang dann erst das Seil weiter.
Hatte man nur ein Seil und mindestens drei Spieler, die gerne mitmachen wollten, schwangen immer zwei Kinder das eine Seil schön gleichmäßig und einer oder auch zwei Kinder hüpften gleichzeitig in der Mitte des schwingenden Seiles.
Dazu gab es Verse wie :
„Teddybär, Teddybär hüpfe fein,
Teddybär, Teddybär, heb ein Bein,
Teddybär, Teddybär dreh dich um,
Teddybär, Teddybär mach dich krumm."
Die springenden Kinder taten, was der Spruch verlangte.

12. An Regentagen oder im tiefsten Winter gab es auch andere Spiele.
Wir Mädchen tauschten „Kuppelmarken".
Da wurde ein leeres Schulheft von außen nach innen, rechts gleich wie linksseitig gleichmäßig mit jeder Seite nach innen einmal gefaltet.
So entstanden viele nebeneinander liegende klappkartenähnliche Heftseiten, die Mitte war somit von rechts und links aufklappbar.
Das Heft war durch das Falten um die Hälfte schmaler.

In jedes Klappfach kam ein, oder, wenn man schon hatte, mehrere „Stammbuchbilder“, wir sagten „Kuppelmarken“.
Ins doppelte Mittelfach kamen immer die Schönsten der Marken.
Besonders wertvoll waren die alten Bildchen, aus Großmutters Zeiten, oft vergilbt, blank gepresst oder mit Flitter bestreut.
Viele dieser Bilder für sich einzutauschen, war das Bestreben.
Für eine alte Kuppelmarke gab man, je nach Beliebtheit 5 bis 10 Normale.
Es gab Kinder, die hatten mehrere Hefte voll der schönsten Bilder.

13. In Schlechtwetterzeiten, für Nachkriegskinder ohne festes Schuhwerk und spezielle Kleidung, war es einfach gemütlicher im warmen Zimmer.
„Stadt, Land“ auch ein Spiel das wir gerne spielten.
Mindestens zwei Spieler müssen es sein. Hierzu brauchte jeder dieser Mitspieler ein Blatt Papier.
Ganz oben wurde nebeneinander geschrieben: z. B. Stadt, Land, Fluss, Beruf, Name Pflanze Fehlerzahl…
Nach jedem Namen wurde senkrecht hinunter ein mehr oder weniger gerader Strich gezogen.
Der erste Mitspieler, wieder durch abzählen oder privater Einigung gefunden.
Dieser erste Mitspieler also, nannte einen Buchstaben z. B. „B“
Alle Beteiligten schrieben nun in Windeseile zwischen den Zeilen, mit eben diesem gerade genannten Buchstaben was die Zeilen unten verlangten, z. B mit „B“: Berlin, Belgien, Bäcker, Bärbel Butterblume…
Wo man nichts wusste kam ein Querstrich oder die Stelle blieb leer.
Der erste Mitspieler, der fertig war, rief: „Stopp!“
Jeder musste sofort aufhören.
Blätter gewechselt, korrigiert, Fehler hinten bei „Fehlerzahl“ eingetragen. Blätter zurück und weiter.
Entweder der Stop-Rufer oder der nächste Mitspieler in der Reihe waren jetzt dran mit einem anderen Buchstaben. Wieder überlegen und schnell schreiben, wieder „Stopp“, wieder das Papier wechseln, korrigieren, wieder der nächste oder der Zeilenschnellste mit einem anderen Buchstaben usw.
War man unten angelangt, war Schluss.

Alle Fehlpunkte, manchmal nach Absprache auch orthographische, wurden zusammengezählt. Wer die wenigsten Fehler hatte, war „Sieger“. Er durfte sagen, was nun gespielt wurde.

14. „Misthaufen“ – Auch kein langweiliges Spiel.
Ein Blatt Papier, auf dem viele Krakelpunkte, eben besagte Misthaufen gemalt wurden.
Der erste Teilnehmer, hier durften auch Eltern mitmachen, zog von einem zum anderen „Haufen“ eine Verbindungslinie.
Der nächste Spieler ebenfalls usw.
Trick dabei, keine Linie durfte irgendeine andere berühren oder gar durchschneiden, nur durch die kleinen Misthaufen durfte man seine Striche ziehen.
Am Anfang ganz einfach. War aber das Blatt zum 6., 7., oder gar 10. Mal bei jedem Spieler gewesen, kam man kaum mehr zu jedem Häufchen durch.
Wer Fehler machte schied aus. Sieger war der, der am Letzten noch einen Weg fand, alle Misthaufen zu verbinden.
Auf dem Blatt sah es am Ende wie ein großer Misthaufen aus.

16. „Onkel Fritz sitzt in der Badewanne und schwitzt.“ Hier rüber konnten wir uns schief lachen. Auf die obere Zeile wurde der Satz vom Onkel Fritz geschrieben und zwar so, das gewickelt werden konnte. Es war ja nötig, dass die schon geschriebenen Worte weggewickelt werden konnten. Z. B. ist ja das später geschriebene Wörtchen „in“ viel kürzer als das vorherige Hauptwort. Jeder Mitmacher schrieb nun reihum ein, wie oben, entsprechendes Wort auf die Seite. (Also nicht nur einfach ein Hauptwort am Anfang, sondern hier eine Mitmenschbezeichnung, Nichte, Schwager, Mutter, Freund, Nachbar.) Das Blatt wurde hinter dem Wort senkrecht gefaltet, dem nächsten Spieler gereicht, der war nun dran mit einem Namen, (z. B. Inge, Otto, Moni), wieder falten, weiterreichen, der Nächste ein Verb usw., war die Reihe voll, wurde aufgefaltet und vorgelesen.
Die krummsten Sätze gab es dann. (z.B. „Nichte Peter schielt an die Pusteblume oder kräht“) Deswegen ein Spiel zum Lachen. Sieger und Besiegte gab es nicht, nur Spaß und Wissenstest.

17. Und nicht zu vergessen unsere Puppenstuben.
Ich meine mal, fast jedes Mädchen hatte eine solche, manche sogar dazu noch einen Kaufmannsladen, voller, für uns Unverwöhnte, guter Sachen, die liebevolle Mütter immer wieder auffüllten.
Hiermit gab es ja Spielideen ohne Ende.
Da Puppenstuben heute noch aktuell sind, erspare ich mir Details.
Haferflocken mit Zucker und Milch „kochte“ ich am liebsten.
Natürlich aßen wir auch alles brav auf.

18. Nicht zu unterschätzen die Ballspiele.
Völkerball, Handball, Fußball, Volleyball sind ja heute noch bekannte Freizeitgestalter. „Treibball“ wohl eher seltener.
Zuerst zieht man auf der Straße, oder dem Platz eine Trennungslinie.
Es werden zwei Mannschaften gebildet, eine steht rechts, orientiert sich aber möglichst nach links, eine steht links, von der Trennungslinie und will nach rechts.
Die somit gegenüber stehenden Mannschaften machen aus, wer zuerst den Ball werfen darf.
Bei diesem Treibballspiel wird der Ball einfach hin und rüber geworfen und ihm hinterher gelaufen, und zwar alle Mitspieler.
Wer den Ball zuerst greift, wirft ihn weiter und zwar in die feindliche Richtung.
Wieder laufen alle hinterher, wieder wirft der Erste am Ball diesen weiter in die gleiche Richtung, oder zurück, je nachdem zu welcher Mannschaft er gehört. Die bessere Mannschaft treibt so ihre Gegenspieler weit weg von der Trennungslinie.
Wir riefen immer: „Wir treiben euch bis Buxtehude!“
War das Straßen- oder Platzende erreicht, hatte die treibende Gruppe gewonnen.

19. „Ballprellen“
Stundenlang konnten wir, allein oder in Gemeinschaft, jeder mit einem Ball bewaffnet oder einen austauschend, diesen prellen.
Entweder an die Wand, ein Tor, einen Baumstamm.
Man prellte mit einer Hand, links, rechts, Innenflächen, Außenflächen. Es ging mit Fäusten, Handteller, Handrücken.
Es ging laufend, stehend, hüpfend, liegend, vor dem Körper oder hinter ihm.

Am allerschwersten war liegend oder hinter dem Rücken, mit dem Handrücken prellend.
Spaß machte es uns jedenfalls immer.

20. Ein Wort noch zum „Kreiseln“.
Kein Brummkreisel, wie man ihn für die kleinen Kinder hat, sondern ein Holzkreisel, mit einer kleinen Metallspitze unten, war das beliebteste Spielzeug unserer Tage.
Wir Kinder konnten ihm stundenlang hinterhergehen und mit einer kleinen Peitsche vor oder zurück treiben.
In unseren Straßenpflastern damals gab es noch mit Sand gefüllte weiche Lücken. In diese Lücken bohrten wir Anfangs die Metallspitze. Mit der Peitsche wurde zugeschlagen und am Anfang kippte der Kreisel oft einfach um. War man geduldig, drehte er sich aus dem Loch heraus und schnurrte drehend die Straße entlang.
Ganz geschickte oder geübte Kinder wickelten die Schnur einfach um den Kreisel und warfen ihn mit etwas Schwung auf das Pflaster.
Weiter ging es wie gehabt.
Heute, ohne Pflasterlücken ist es für „Kreiselanfänger“ schwer, es geht kaum auf dem Hof oder vor der Haustür. Die Umwicklungsmethode klappt bei Neulingen im Kindesalter fast nie und so unterbleibt es ganz. Schade, ein Verlust für alle Kinder.

21. „Stelzen laufen“.
Fast alle Kinder unserer Breiten Straße besaßen Stelzen, oder einen Freund, der welche hatte.
Stelzen sind zwei lange glatte Stangen, die im unteren Drittel, mal niedriger, mal höher mit angeschraubten Holzkeilen, auf denen man stehen konnte, versehen waren.
Diese Stelzen wurden an die Hauswand gelehnt, Holzkeile nach innen.
Mit jedem Fuß trat man auf einen der Keile.
Oben die Schultern vor die Stangen, und von vorn wurden, rechts und links die Stangen mit den Händen umfasst.
Von der Hauswand leicht mit dem Po abgestoßen und los ging es.
Zuerst gelangen meist nur ein bis fünf Schritte, die Stangen wurden dazu rechts und links im Wechsel mit den Unterarmen und Händen angehoben.

Schon musste man wieder abspringen, weil man die Balance verlor, jedoch mit Übung wurde es bald besser.
Dann ging es die Straße entlang
War man schon geschickter, wurden die Holzkeile höher gesetzt.
Heute, bei dem tollen Pflaster, überall ein Kinderspiel.

Soviel zu meinen Erinnerungen an alte Spiele, sicher kennen alle „ehemaligen Kinder“ andere gegendmäßig unterschiedliche Spiele.
Schade, wenn sie alle vergessen werden…
Ganz lieb danken möchte ich meiner Freundin Sigrid S. geb. Marohn
Danke auch Ingrid Z. ehem. Liebe, für das rege Interesse und die Mithilfe, wenn es galt, Erinnerungslücken bei Spielideen oder deren Durchführung aufzufrischen.

Dinge die geschehen

Wortlos

„Eigentlich sollten sie es ja nicht vorher wissen, aber ich habe etwas gegen Überraschungen, denen steht man immer so ungeschützt gegenüber.“ Sie sah ihren Vorgesetzten erstaunt an, verstand ihn jedoch nicht recht. „Sie sollen zum nächsten Festtag eine Medaille erhalten, die mit einer höheren Geldprämie verbunden ist.“ Sie strahlte. Wenn man solche Ankündigung von einem Vorgesetzten hört, freute man sich ja nicht nur, sondern ist auch mit Stolz erfüllt. Diese Auszeichnung gab es nicht sehr oft und nicht für jeden. „Damit wollen wir ihren 20 jährigen erfolgreichen Arbeitseinsatz und ihre Sonderleistungen in einigen unserer Einrichtungen würdigen.“

Der ersehnte Tag war gekommen. Die heimliche Freude über die Auszeichnung, von der sie ja offiziell nichts wissen durfte, war groß. Nun hieß es warten.
Genauer gesagt vergeblich warten, denn die ersehnte Prämie bekam eine, erst seit einem Jahr hier arbeitende Kollegin.
Die Aussage „als politisches und fachliches Vorbild aller Kollegen!“ Was gab es da zu sagen: 20 Jahre erfolgreicher beruflicher Einsatz gegen ein einziges Jahr!

Nur zwei Monate später, zum nächsten Jahreshöhepunkt, bekam sie, wirklich unverhofft, die damals angekündigte Ehrung. Man erwartete eine kleine Dankesrede. In ihr gärte es. Sollte sie ablehnen? Mit welcher Begründung denn? Gekränkt wegen Übergehung? Keine Freude kam in ihr auf, sie wollte die Auszeichnung nicht mehr. Alle Anwesenden warteten. Sie sagte nichts.

„Oh, da haben wir unsere Kollegin ja einmal so richtig überrascht, wortlos haben wir sie noch nie erlebt." Alles lachte, beglückwünschte sie.
Der richtige Zeitpunkt für eine Ablehnung war verpasst.
Am Ende gut so, denn die Leistung von 20 Jahren blieb ja, egal, ob man sie heute oder damals gewürdigt hatte. Nur schade, dass sie sich heute nicht mehr darüber freuen konnte.

Missfallen

Seine Missfallensäußerung war laut und unmissverständlich. „So eine Sch…!" Was war geschehen?
Ein Ehepaar, schon etwas betagt und beide inzwischen Gebissträger, hatte neben Vielem auch eines gemeinsam: Sie schätzten ihr notwendig gewordenes künstliches „Kauwerkzeug" nicht besonders. Es war mehr ein „notwendiges Übel" und wurde von beiden gern abgelegt.
So geschah es natürlich hier und da, dass es nicht ab-, sondern verlegt wurde. Dann änderte sich die Nahrung bis zum Wiederfinden, schlagartig.
Er, ein noch recht umtriebiger Rentner, suchte wieder einmal verzweifelt sein verflixtes Gebiss. Wo nur hatte er es dieses Mal abgelegt? Erst am nächsten Tag fand er es, ganz frei herumliegend in der Küche wieder. Ha! Darum war es verschwunden! Seine „liebe" Frau war damit zum Zahnarzt gegangen und hatte die Zahnlücke im Gebiss ersetzen lassen.
Als Leser sollte man dazu wissen, dass es schon lange einen „Zankapfel" in der Familie gab. Er hatte, um seine Pfeife besser im Mund halten zu können, seitlich vorn, einen Zahn wegnehmen lassen. Schön war das nicht, aber praktisch.

Hin zum Zahnarzt und den „Störenfried“ wieder entfernen lassen, war eine Kleinigkeit. Die sollte sich wundern, mit ihm nicht! Gebiss und Pfeife saßen wieder wie immer.
Dann, am Nachmittag, fand er beim Aufräumen in der Rumpelkammer ein weiteres Gebiss mit künstlicher „Zahnlücke“.
„So eine Sch…!“ Da hatte er doch wahrhaftig aus dem Gebiss seiner Eheliebsten eine „Pfeifenlücke“ brechen lassen! Trotzdem komisch: Die Zähne hatten prima gesessen, ihm war bei ihrer Benutzung nicht die leiseste Ahnung gekommen, dass es nicht sein Gebiss sein könnte. Nun musste er wohl beichten. Sein liebendes Weib aber zeigte absolut kein „Missfallen“ an seinem Missgeschick, sie wollte sich schier totlachen über sein Eingeständnis. Von nun an hatte sie bei jeder Feier eine tolle Geschichte zu erzählen und die garantiert Lacher auf ihrer Seite.

Ein ergötzlicher Abend

Brück am 01.09.10

Wegen Überfüllung müsste ja eigentlich schon um 19.00 Uhr geschlossen werden. So etwas habe ich in Brück noch nie erlebt, wenn eine Veranstaltung, welcher Art auch immer, organisiert wurde.
Kaffeetrinken, Abendessen, Stimmengewirr in enormer Lautstärke empfangen uns beim Eintreten. Stühle werden noch zusätzlich von irgendwo hereingeschleppt. Die Menschen rufen oder winken sich zu. In bunter Mischung sitzen Trebitzer, Neu und -Altbrücker, Rottstocker oder Borkheider Bürger an den Tischen in Borgmanns guter Gaststube.

Fast pünktlich um 19 Uhr dreißig geht sie endlich los, unsere Lesung, d.h. die Erstvorstellung unseres Buches „Geschichten von Brück und anderswo“.
Überraschend wird Karin mitten in ihrer Begrüßungsrede unterbrochen. Hannelie hat eine wundervolle Dankrede über Karins „Hebammenarbeit“ bei der Geburt dieses „Buchkindes“ geschrieben. Sie erntet große Begeisterung, überreicht der „Hebamme“ einen Strauß.
Los geht es mit einer Geschichte von Wolfgang, eine Stadtführung besonderer Art, zum Nachlesen sehr zu empfehlen.
Nach ihm sorgen die beteiligten Mandolinenspielerinnen, für gute Stimmung.
Eva erzählt die Geschichte ihrer „Taufe“ im Brücker Stadtgraben und ob sie nun wollte oder nicht, sie wurde dadurch für lange Zeit eine Brückerin.
Die Kindheitserinnerungen Regines, die sie über die Badeanstalt zum Besten gibt, können viele noch nachempfinden, besonders den Entschluss, nie mehr vom Dreimeterbrett zu springen.
Karins Bewunderung für das Brücker Topmodel bringt viele zum Erstaunen, regt zum Flüstern an. Die Auflösung, am Schluss bringt ihr Lachen und Kopfnicken ein.
Überhaupt Karin, sie liefert heute eine Glanzleistung mit den Zwischenkommentaren. Jeden Redner, jede Geschichte stellt sie im Zusammenhang des Gesamtwerkes vor, das macht unsere Lesung erst zu einer runden Sache. Meine Bewunderung ist ihr sicher. Ich staune, dass das Publikum bis jetzt den Lesenden uneingeschränkte Aufmerksamkeit gezollt hat. Im Raum herrscht atemberaubende Stille, wenn jemand etwas darbietet. So laut es vor Beginn im Raum war, so leise ist es jetzt, jeder versucht sich in die jeweilige Geschichte einzufühlen.
Helgard ruft mit ihrer Geschichte vom erzwungenen Radfahren-lernen als junge Lehrerin, da zehn Unterrichtsräume in Brück verstreut lagen, beständiges Nicken bei den Alteingesessenen Brückern hervor.
Hannelies „Traumhaus“ ist einfach entzückend geschrieben. In der gekürzt vorgelesenen Fassung gefällt sie mir besonders gut.
Elviras Geschichte in gereimter Prosa über ihren Lieblingsplatz spricht ebenfalls an und löst Nachdenken über die Gestaltung des eigenen Grundstücks aus.

Nun spielen erst einmal wieder unsere Mandolinen. Regine, Ruth, Ingrid und Christa geben ihr Bestes. Das Publikum ist begeistert und singt die alten Volkslieder im Potpourri einfach mit.
Die „Hupfdolen“, noch einmal von Karin gelesen, sitzen hinten im Raum und fühlen sich in der Erzählung gut repräsentiert, sie nicken beständig, winken und lachen über das, was Karin aus dem „Nähkästchen“ plaudert.
Dann bin ich endlich dran. Ich habe meine Geschichte stark gekürzt und kann mir so beim Lesen Zeit lassen. Dabei spüre ich, wie mir die gespannte Stimmung der Zuhörer Schwung und Auftrieb gibt. Siegfried Tangnatz, der „Freizeitkönig“, um den es in meiner Geschichte geht, bekommt sogar einen Zwischenapplaus. Ich bin mir sicher, darüber hat er sich sehr gefreut.
Aber bitte hier keine Extras! Karin entzückt das Publikum, mit einer lustigen Episode über die ominösen „Verdauerlie“ in allen hiesigen Vereinen.
Unsere Tochter Annett wird mir später sagen, dass ihr die folgende, fiktive Erzählung über das Brücker „Schreibschlösschen“, das Erika dann zum Besten gibt, besonders gut gefallen hat. Erika löst beim Publikum damit so manchen Schmunzler und Lacher aus.
Die Lesung endet, wie sie begann, mit Wolfgang. Er trägt eine fiktive Geschichte anno 2022 zum Gedenken des ehemals ersten Postfluges von Borkheide nach Brück vor.
Ein Mann mit Phantasie, wie selten!
Die Mandolinengruppe gibt mit einer flotten Weise den Kehraus.
Nur danach - es geht kaum einer nach Hause.
Alle schwatzen, lachen, kaufen Bücher, stellen Fragen, essen oder trinken noch etwas, fühlen sich rundum wohl und wir auch!
Erleichterung, hat uns erfasst, auch beim flotten siebenfachen Signieren der Bücher. Siegmar dreht die letzten Video-Meter oder fotografiert. Später sitzen viele noch mit seinen Bekannten beisammen.
Niemand möchte den schönen Abend enden lassen. Es ist 22.30 Uhr, als wir dann müde, zufrieden, seltsam aufgekratzt, aber glücklich zu Hause ankommen. So einen kulturvollen, ergötzlichen Abend hatten wir schon lange nicht in Brück.

Die Schreibwerkstatt Brück

MoSt.

Hilfe, mir fällt kein Sprichwort ein!

Unser neues Werkstadtbuch wird wieder verschiedenen Themen haben.
Eines davon lautet „Sprichworte“, sprichwörtliche Redewendungen, geflügeltes Wort! Nun sitze ich und grüble, welches bekannte Sprichwort passt zu mir und meinem Leben? Zu welchem fällt mir eine Geschichte ein? Das ist nicht so einfach.

Wie wäre es mit „Ohne Fleiß, keinen Preis“? Ja, es stimmt schon, dass ginge. Oder ich nehme lieber „Nichts ist leicht, was sich wirklich lohnt“? Auch zu „Je länger, je lieber“ würde mir sicher etwas einfallen. Apropos lieber, lieber ist mir, ich suche morgen früh weiter, denn wie heißt es doch gleich „Morgenstunde hat Gold im Munde“, „Der Morgen ist klüger als der Abend!“ Vielleicht auch: „Der frühe Vogel fängt den Wurm“. Jedoch nun sitze ich einmal hier. Da schreibe ich auch weiter.
Mein Vater benutzte häufig: „Der Wille verleiht Flügel“. Also her, mit dem Willen und weiter gegrübelt, denn „Von nichts kommt nichts“.
Meine Mutti hatte einen anderen Lieblingsspruch: „Wat’ dem Enen sin’ Uhl, is’ dem Andern sin’ Nachtigall“. Ich werde mit meiner Auswahl ohnehin nicht allen Lesern gefallen können; denn es gilt heute noch: „Allen Leuten recht getan, ist eine Kunst, die niemand kann!“, und ich schon gar nicht!
Nun gut, „Sich regen bringt Segen“, na dann wollen wir mal, sonst wird das hier in der Endkonsequenz „nichts Halbes und nichts Ganzes.“
Im Allgemeinen bin ich ein fleißiger Mensch, denn ich bin mir sicher „Müßiggang ist aller Laster Anfang“. Zudem weiß ich, was mir drohen könnte „Von nichts kann man so schnell alt werden, wie von Faulheit“.
Wobei ich Geschichtenschreiben nicht wirklich gelernt habe, trotzdem übe ich mich darin seit ca. zehn Jahren und tröste mich bei kleinen Misserfolgen mit den Worten: „Es ist noch kein Meister vom Himmel gefallen“. Die Redewendung „Schuster, bleib bei deinem Leisten“ will mir jedoch im Zusammenhang mit meinem Schreibhobby gar nicht gefallen, den lasse ich bei meinen Überlegungen einfach aus. Dagegen gefällt mir „Wer schreibt, der bleibt“ viel besser.

Ach, es ist wirklich nicht einfach ein Sprichwort für eine erzählenswerte Geschichte auszuwählen. Ich vertage meine Bemühungen auf später und tröste mich mit den Worten „Gut Ding will Weile haben“.

Der Wille verleiht Flügel

Spruch des Tages in meinem Kalender:
„Was man aber gern macht, das macht man gut.“ *Prentice Mulford.*

Der Wille kann dem Menschen helfen durchzuhalten, schier Unmögliches zu vollbringen, über alle Schwierigkeiten des Lebens hinweg, als wären da Flügel. Er hilft uns auch, das Alltägliche zu meistern. Es müssen ja nicht immer große Werke sein, die da vollbracht werden. Jedes Lernen im Kindergarten, in den Schulen, jede Prüfung, jedes Durchhalten bei ungeliebter Arbeit oder Krankheit, alles vermag unser Wille.
Diese Erkenntnis ist eines der wichtigsten Dinge, die wir unsere Kinder lehren sollten. Der Wille verleiht uns imaginäre Flügel. Flügel hätte sich Ikarus gewünscht und Otto von Lilienthal ebenfalls, beide hatten einen festen Willen und brachten viel Kraft für ihre Visionen vom Fliegen auf. Sie mussten ihr Leben lassen, hatten nicht wirklich Erfolg mit dem, was sie liebten. Die Zeit muss reif sein, das tun zu können, was einem am Herzen liegt.
In alten Poesiealben findet man einen ähnlichen Spruch: „Arbeit und Fleiß das sind Flügel, sie führen über Strom und Hügel“.
Nun, über Strom und Hügel wollen wir Frauen unserer Brücker Schreibwerkstatt höchstens noch im Urlaub. Durchhaltewillen benötigen wir aber dennoch. Wir, die wir das Schreiben lieben, weil es uns Freude bringt, haben jetzt als Rentner endlich auch die Zeit dafür. Jedoch wenn Schmerzen plagen, Misserfolge frustrieren, interessantere Ablenkungen anstehen, der innere Schweinehund einem ins

Ohr flüstert ob man das denn nötig hätte, dann bestimmt allein der Wille, ob wir weiter machen.
Es wäre traurig, wenn er uns verließe, denn immerhin ist aus unserer „Eintagsfliege“, eine Schreibwerkstatt zu gründen, schon ein mehrjähriger „Dauerbrenner“ geworden.
Eine leicht zu lesende Chronik, des Lebens vieler Menschen unseres Heimatortes, haben wir mit unseren jetzigen vier Büchern vollbracht.
Unser Wille sagt: „weitermachen!“ Breiten wir weiterhin, mit Freuden, unsere unsichtbaren Flügel aus, lassen wir uns von Misserfolgen nicht beirren, machen wir uns den Spruch zu Eigen:
„Wo ein Wille ist, da ist auch ein Weg“.

Vom ich zum wir
und umgekehrt

Du liebst unser Leben,
teilst es gerne mit mir,
und du denkst, immer öfter
nicht „ich“ sondern „wir“.

„Wir“ wollen, „wir“ hoffen,
„wir teilen uns Sorgen,
die uns treffen wie Jeden,
mal heut, und auch morgen.

Auch ich liebe, lang schon,
unser einfaches Leben.
Zur Erhaltung desselben
würde ich Vieles geben.

Dennoch werden wir versuchen,
auch das „ich“ zu erhalten,
um das „wir“ immer wieder
interessant zu gestalten.

Man muss von Altem lernen, Neues zu machen.
(Ausspruch von Berthold Brecht)

Dieses zum geflügelten Wort gewordene Zitat von Berthold Brecht versteht man, wie andere Sprichworte, im doppelten Sinne. Ich beschränke mich in dieser Geschichte jedoch nur auf die direkte Aussage des Sprichwortes.
Der, vielen noch bekannte „Bitterfelder Weg“, in der DDR besagte unter anderem, das der Volkskunst wieder mehr Beachtung geschenkt und die Werktätigen zu künstlerischem Schaffen angeregt werden sollten. Daran interessierte Menschen sollten kostenfrei ausgebildet werden, um mit Können und eigenen Ideen, ihre unmittelbare Umgebung schöner zu gestalten, sowie interessierte Mitbürger auch dazu zu befähigen. Alles mit möglichst hohem künstlerischem Anspruch.
Ich hörte davon erstmalig im Herbst 1959!
Eigentlich lagen mir ja Zeichnen und Malen näher.
Mein Interesse galt auch dem Weben, Sticken, Flechten und Schmuck herstellen. Meine bisherigen Arbeiten förderten meinen Ausbildungsantrag.
Vier Jahre wurde ich mit Vielen, in einer Potsdamer Klasse, von zwei anerkannten Künstlerinnen unserer Gegend, (Frau Ingeborg Bohne-Fiegert, sowie Steffi Wendel) mit sehr gutem bis sehr gutem Erfolg ausgebildet.
Nach kurzem Zirkelleiter-Einsatz in Brandenburg und Brück, hier arbeitete ich neben meinem Hauptberuf als Kindergärtnerin, berief mich Frau Bohne-Fiegert in ihre „Förderklasse-Potsdam“. Ca. 20 Jahre war ich mit ca. 20 Frauen in dieser „Meisterklasse“ aktiv.
Wir gestalteten Modeschauen, große Wandbehänge für verschiedene Museen, aber auch simple Brotbeutel, Figurinen, Schmuck u. a. als Gastgeschenke dieser Gegend.

Die Ausbildung, und speziell die 20jährige Arbeit zeigten mir völlig neue Wege, aus Altem Neues zu gestalten. Dazu wurde natürlich auch textiles Handwerksmaterial wie Fäden, Bänder, Perlen verwendet. Um etwas Schönes, Brauchbares gestalten zu können benötigte man aber auch Können und Geduld.

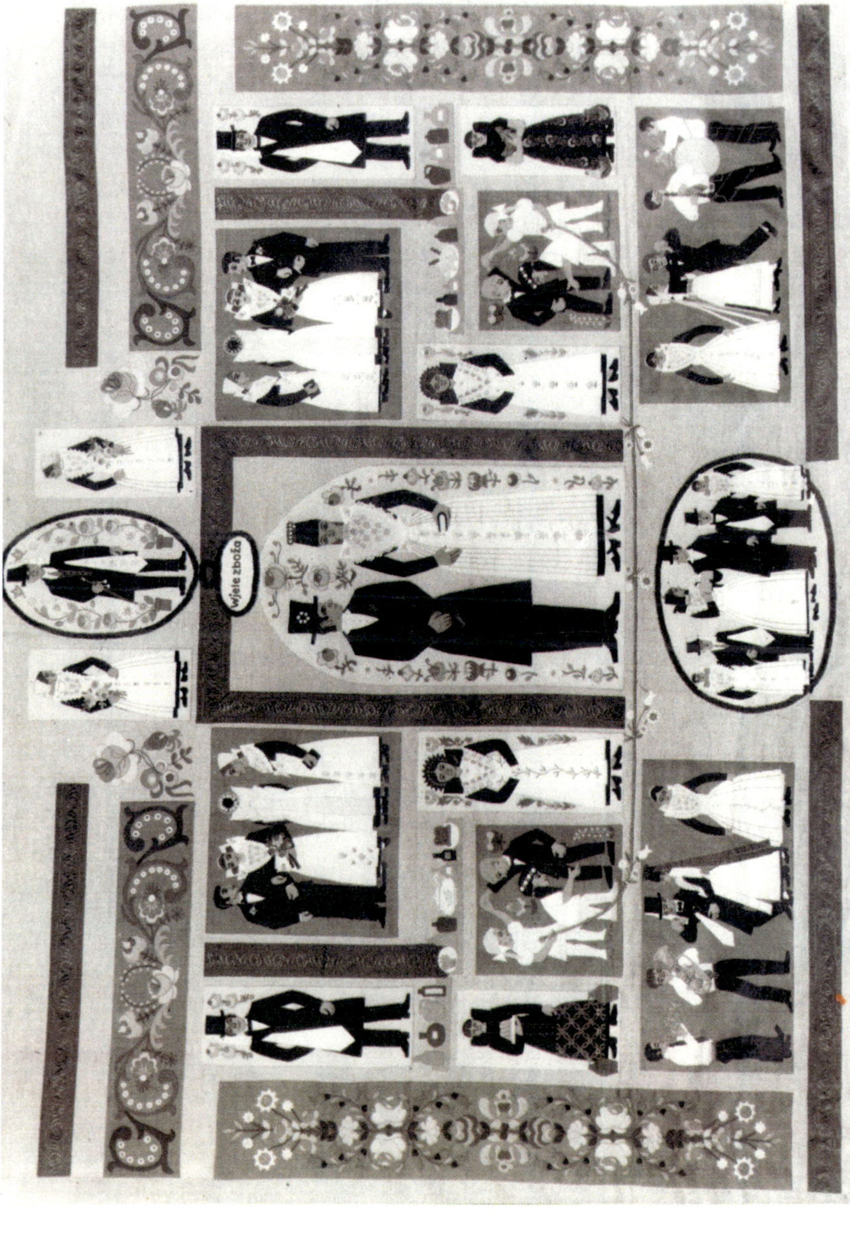
Wjele zboża

Fast immer suchten wir aus alter, defekter Kleidung oder anderen stofflichen Haushaltwaren die heraus, die wir gebrauchen konnten.
Ein Gesamtentwurf wurde gezeichnet, Detailaufgaben kopiert, auf Stoff übertragen, ausgeschnitten, mit „Gaze" hinterlegt und in die Grundlage der „Komposition" eingenäht (nie geklebt).
Wo nötig, ergänzte Stickerei, mit und ohne Perlen und Pailletten das Ganze. Auf der Rückseite verhinderte ein fester Stoff den Zusammenfall der fertigen Arbeit.
Andere Arbeiten wurden gewebt, geknüpft und gebatikt. Aus Unbrauchbarem war Neues, künstlerisch Wertvolles entstanden, das uns während seiner Herstellung nicht nur Arbeit, sondern viel Freude bereitete.

Da ich nach der „Wendezeit" wie so viele Menschen der DDR neue berufliche Wege gegangen bin, unsere Dozentinnen beide gestorben waren, löste sich unsere Gruppe auf. Für mich war nun leider dieser interessante Lebensabschnitt beendet. Jetzt, als Rentner, habe ich wieder mehr Zeit für Kreatives. Jetzt hat es mir das Gestalten mit Bleistift und Papier (Computer) angetan. So kann ich gerne über das schreiben, was uns im Leben bewegte, womit Menschen hier ihre Tage füllten. Ich kann helfen, unser Leben hier für neue Generationen zu bewahren.

Über die Entstehung der Morgenröte

Freunde!
Ich habe den Tag geseh'n,
im ersten Dämmern, wunderschön!
Dann hat er zart die Nacht geküsst,
errötete und ist entwischt.

Ganz im Vertrau'n,
der junge Tag er wusst nicht viel von Frau'n.
Er glaubte fest dass ihm die Nacht den zarten Kuss verböte.
Und so entstand, uns zum Genuss, die Morgenröte.

Lieblingstante

Wie wird man „Lieblingstante“? Ich, weiß es nur von meiner!
Bewusst sehen, wirklich zuhören und geduldig abwarten lehrte sie mich.
Sie lehrte mich mit Messer und Gabel zu essen, Ordnung in meinen Sachen zu halten, Geschirr immer wieder an gegebener Stelle aufzuräumen, denn einer ihrer Grundsätze hieß: „Was ist Ordnung?“ „Für jedes Ding einen Platz und jedes Ding an seinen Platz!“
Ich lernte von ihr Spaß zu haben an einem Kinobesuch mit anschließendem ½ m Würstchen essen. Beim Bäcker lernte ich meinen ewigen Kuchenhunger auf ein Lieblingsstück zu begrenzen und mich alleine im Wedding zurechtzufinden.

Sie zeigte mir in den Berliner „Rehbergen“ vielerlei Pflanzen und Tiere, die wir beobachten und beschrieben.
Wir sammelte Schauspielerbilder und klebten diese stilvoll in Malhefte. Daraus entstanden dann kleine selbstgemachte „Nachschlagwerke“ über darstellende Künstler.
Gern hörte ich Geschichten aus der alten Heimat Ostpreußen, oder aber Kriegserlebnisse.
Tante Britts Ideenreichtum, was wir gemeinsam unternehmen konnten, war einfach unerschöpflich.
Sie war Kindergärtnerin von Beruf und ich tat es ihr später nach.
Im Umgang mit mir kehrte „meine“ Tante Britt, Muttis älteste Schwester, nie die besserwissende Erwachsene heraus.
Heute scheint es mir, als wären wir uns in allem immer völlig einig. Vor allem darin, dass Bücherlesen zu den schönsten Dingen unseres Lebens gehörte.
Der Höhepunkt ihrer guten „Tante Taten“ geschah an einem einfachen Wochentag. Ich hatte, wie berichtet, die Kindergärtnerinnenausbildung begonnen, konnte Tante Britt nur noch selten besuchen.
„Heute gehen wir bummeln!“ (Das Wort „Shoppen“ benutzten wir damals, 1958, noch nicht.) Am Ende des „Bummelns“ hatte ich, die ich in der Schulklasse nicht zu den am besten Angezogenen gehörte, ein neues, modernes Aussehen. Die von allen jungen Mädchen gewünschte „Wurstpelle“, (Bezeichnung für ein dunkelblauen, federleichten Nylon-Sommermantel,) ein passendes Halstuch, einen Perlon-Petticoat, dazu einen weiten schwingenden schwarzen Rock mit drei breiten rot-orange, weiß-grün gemusterten Bordüren. Dazu in passenden Farben noch eine rote und eine weiße Bluse. Flache samtartige schwarze Slipper, samtartig, mit damals hochmoderner „Specksohle“ aus Porokrepp, dazu Nylons (Strumpfhosen), zur Auswahl noch Söckchen und zur Krönung ein schwarzes Täschchen.
Ich war selig! Tante Gertrud meinte nur lakonisch: „Wurde Zeit!“
Diese komplette Ausstattung war nicht nur in der Ausbildung, sondern auch noch die ersten Jahre bei der Arbeit das Beste, was ich anziehen konnte.
Von Tante Britt getreulich jährlich ergänzt, z.B. mit zwei Sommerkleidern sowie einer langärmligen weißen Bluse, mit kleinen Streuröschen.

Auf Grund des Mauerbaus 1961, der unsere Beziehungen auf Postsendungen einschränkte konnte ich niemals meine Dankbarkeit, in Form von Hilfe im Alter, vergelten. Jedoch meine Liebe zu ihr ließ ich mir nicht nehmen, die gibt es heute noch, fast 60 Jahre später.

Brück

Liebe zum Heimatort

Ein kleiner Ort mit großen Pferden,
viel grünes Land liegt um uns her,
sich wohl zu fühlen und entspannen,
das fällt hier vielen gar nicht schwer.

Brück du bist Zentrum unsres Lebens,
zu dir, da führt uns jeder Weg.
Wir lieben Wiesen, Bäume, Felder,
und jeden wohlbekannten Steg.

Wer bei uns sein will ist willkommen,
wir teilen Brück mit aller Welt,
bist unser kleines Universum,
unter dem großen Himmelszelt.

Gedanken zum 2. Brücker–Geschichtenbuch!

Tage, an denen ich nicht las, gibt es wenige in meinem Leben. Märchen- und Jungmädchenbücher liebe und sammle ich seit Jahren. Das Vorlesen von Kinderbüchern gehörte Zeit meines Lebens zur Arbeit. Jetzt, mit zunehmendem Alter, wo auch mich Bluthochdruck und Zuckerkrankheit erwischt haben, meide ich möglichst alle Krimis oder Kriegserinnerungen, also alles, was mich nachts nicht mehr schlafen lässt.

Die Privatsammlung meiner Bücher wird zwar jährlich ausgemustert, wird aber trotzdem immer umfangreicher. Allein die Märchenbücher überschreiten bei weitem die dreihundert. Statt Gardinen haben wir Bücherregale neben den Fenstern und auch schon auf dem Flur begrüßen mich meine gesammelten Lieblinge.

Aber Schreiben, das ist wieder noch etwas ganz anderes. Jetzt, bei der Fertigstellung unseres 2. Brück-Geschichtenbuches, merke ich, dass zum kleinen Stolz über Geleistetes auch eine große Portion Verwunderung hinzukommt, daran beteiligt gewesen zu sein. Eigentlich ist dieses Buch zusammen mit meinen privaten Aufzeichnungen nun schon mein 6. Buch als Autorin. Wer hätte das gedacht? Ich jedenfalls nicht!

Erstaunlich, was der Mensch alles fertig bringt, wenn er will und sich dafür einsetzt. Das gibt, wenigstens zeitweise auch Kraft, Selbstvertrauen und das gute Gefühl, noch ein wenig da zu sein, wenn man schon längst gegangen ist.

(2012)

Das verliebte Mikro

Wenn sie mich fragen, war das ein wundervoller Abend, *aber mich fragt ja keiner*.
Ja, ich weiß, ich bin nur das Mikrofon, ist schon richtig, trotzdem - ich war dabei!
Und das möchte ich ihnen gleich sagen: wer am 01.09. bei der Lesung der Brücker Geschichten nicht dabei war, hat ganz schön was verpasst. Meine Membran zittert immer noch, wenn ich nur daran denke, was ich alles übertragen habe.
Zuerst, als ich noch abgeschaltet war dachte ich: Was für ein Stühleschleppen, Lachen, Klappern, Essen, Trinken, Begrüßen, Reden und Rufen. Müssen ganz schön viele Menschen in Borgmanns guter Gaststube sein, mindestens 80, oder so. Solch ein Krach müsste verboten werden, *aber mich fragt ja keiner*.
Auf einmal war es dann ganz leise, und das blieb auch die folgenden zwei Stunden so. Wenn sie mich fragen, lag das an mir, weil ich plötzlich eingeschaltet worden war.
Nun ja mich fragt ja keiner. Immerhin, was nun folgte, hat mir großen Spaß gemacht.
Mein Ehrgeiz war, alles gut verständlich zu übertragen, sogar für die Leute ganz hinten im Raum. Alles, was die sieben Damen und der eine Herr, sowie die vier Damen vom kleinen Mandolinenorchester so von sich gaben, sollte man ja gut hören. Muss schon sagen, hoch konzentriert waren die alle, kein einziger Fehler war zu hören, toll das. Wirklich, es war mir eine Freude und hat mir Spaß gemacht, *aber mich fragt ja keiner*.
Was die so alles über ihren Ort und seine Menschen wussten, ich war bis in meine Batterie getroffen. Einmal hat mein kleiner Metallkörper so gebebt, dass ich aus meiner Halterung fiel. Ach, war das peinlich! Aber dann wurde mir ganz eigen zumute. Die nette Chefin der Truppe heißt Karin, das werde ich mir für immer merken. Sie hat mich persönlich aufgehoben und mir meine Fassung zurückgegeben. Ach, ihr habt ja alle keine Ahnung, hineingestreichelt hat sie mich in die Halterung und mich ganz sanft gehalten. Wenn ihr mich fragt, die Frau hat ja sooo zärtliche Hände, wie die mich gehalten haben – das war sehr schön! Ich bin dann gleich noch einmal rausgesprungen, nur,

damit sie mich wieder halten sollte. Ich meine, so ein wunderbares Erlebnis hatte niemand an dem Abend, nur ich! - *Aber mich fragt ja keiner*! Ich zittere jetzt noch vor Aufregung, oh sie liebt mich, ich weiß es ganz genau, sie liebt mich.

Übrigens haben alle, die etwas vortragen sollten, ihre Sache gut gemacht, jeder Einzelne von ihnen. Ich habe aber auch gut übertragen, das muss ja auch mal gesagt werden dürfen, obwohl mich die Leute hin und hergeschoben haben, dass ich jetzt noch ganz seekrank bin. Fast hätte ich meinen kleinen Empfänger ausgespuckt, aber mein Lautsprecher hat ihn festgehalten, ist noch mal gutgegangen. Und wenn ich an die zärtlichen Hände denke!
Hoffentlich kommt so ein wunderschöner, interessanter und lustiger Abend bald einmal wieder für Brück, ich habe schon jetzt richtige Sehnsucht. Wenn ihr mich fragt, haben die fleißigen Bürger das auch verdient, *aber mich fragt ja keiner*.

Komisch

Die Becken sind verstopft,
da schreib mal ein Gedicht.

Wird es dann auch noch Lyrik?
Vielleicht, man riecht's ja nicht!

Erinnerungen an Gaststätte Haager

Wenn etwas vergangen ist, bleibt uns oft nur noch die Erinnerung. Ob diese dann gut oder schlecht ist liegt erstens an den sich erinnernden Personen und zweitens daran, welcher Art die erlebten Ereignisse waren. Die jungen Leute heute würden sagen: „Bei Haagers steppte immer der Bär“.

1960, Frühling war's, man ahnte bereits den Sommer. Gutes Wetter aber verlockte uns Kindergärtnerinnen immer in jedem Jahr aufs Neue, den 1.Juni, den Kindertag, im Freien zu planen.

Was war besser für ca. 100 Kinder geeignet, als der schöne große Hof und der Grasgarten voller großer schattiger Lindenbäume bei „Haagers“. Frau Haager war einverstanden. „Sollte es regnen könnt ihr mit den Kindern auch in den Saal ausweichen“, meinte sie. So eine Schlechtwettervariante ist immer gut.

Am 1. Juni fuhren wir mit drei Pferdekutschen zum Kindertags-Vergnügen an den Stadtrand, wo wir mit den Kindern des Brück-Rottstocker Kindergartens zusammentrafen.

Als Neubewohnerin von Brück war mir „bei Hagers“ noch kein Begriff aber das Kinderfest erinnerte mich sehr an meine eigenen, in Treuenbrietzen verlebten Kindertagfeste. Viele fröhliche Kinder, zahlreiche Erwachsene, Eltern und Erzieher, Köchinnen und sonstigem Personal, die alle liefen umher, die alle zum Wohle von Leib und Seele unserer Kinder ihr Bestes taten. Gutes Wetter belohnte unsere Mühen. Am frühen Abend, krönte ein Lampionumzug Richtung Brück den festlichen Tag. Derartige Feste wiederholten sich mit unterschiedlichem Programm in den folgenden Jahren. Schön war es immer.

Wie muss sich ein Ortsunkundiger „bei Haagers“ Gaststätte nun vorstellen. Oben im Haus, neben den Privaträumen der Familie gab es einige Gästezimmer. Kam man durch den Haupteingang hinein, befand sich gleich links ein kleines Stübchen von Mutter Hager, rechter Hand vom Eingang ein Schankraum mit Durchreiche zum Saal hinter dem Tresen. Der lange Tresen im Schankraum war an Festtagen stets gut umlagert von Gästen die einen „Aufwärmer“, „Durchhalter“, „Magenwärmer“, oder kurz vor dem nach Hause gehen, einen „Absacker“ oder „Scheidebecher“ trinken wollten. Nebenan befand

sich noch ein ca. vierzig Personen fassender Gesellschaftsraum, besonders geeignet für Versammlungen oder kleine Feiern. Wenn nötig wurde er auch als Umkleideraum für diejenigen genutzt, die im Saal ihre Darbietungen zeigten. Wie man erzählte, soll sich auch so manch Liebespärchen für ein Stündchen „dort hinein verlaufen" haben.
Der wichtigste Raum der Gaststätte war der Festsaal für etwa zweihundert Personen. Zwei Türen rechts und links vom Tresen führten hinein. In Front befand sich eine kleine Bühne, daneben kleine Minnigarderoben. Links neben der Bühne ein „Notausgang" neben einer kleinen Treppe, die zu einer Empore mit Geländer führte. Dort oben saßen die, die alles gern im Blick behielten. Nach mehreren Bieren, zu vorgeschrittener Zeit, wurde die Treppe oft zur Stolperfalle. Die rechte Seite des Saales nahm eine Fensterfront ein. In früheren Zeiten, hatten darunter drei Bankreihen für die „Kikeweiber", oder „Anstandsdamen" gestanden, die bei keinem Vergnügen fehlten. Das änderte sich als derer Platz im Saal gebraucht wurde. Ab jetzt mussten alle „Schaulustigen" draußen stehen.

Im Haus, gab es noch eine Geschirrkammer sowie eine Küche, in der besonders zur Weihnachtszeit, in einem riesigen Kessel, in mehreren, durch Holzbretter geteilten Schichten, Eisbeine in Zwiebel, Wasser und Gewürzen gekocht wurden. Ansonsten war das Essenangebot damals relativ bescheiden aber immer lecker. Die notwendigen Toiletten bestanden aus Holz. Diese „Plumsklos" fand man in der linken Hofecke, die immer sauber gehalten wurden. „Bei Haagers" war eigentlich eine Gaststätte, wie es viele damals gab.
Warum aber war sie dann soviel beliebter als andere?
Dieses Haus wurde von einer „Gute Seele" geführt, unserer Mutter Haager.

1897 hatten ihre Eltern, aus Potsdam kommend, hier eine einfache Gaststätte gekauft und, 1927 einen Tanzsaal anbauen lassen. Neben Familienfeiern zu Taufen, Hochzeiten, Einsegnungen und runden Geburtstagen gab es regelmäßig turbulente Masken-, Heide-, Feuerwehr-, Angler- und Chorbälle. Italienische Nacht wurde gefeiert, Garten- und Lindenstraßenfeste, Weihnachtsfeiern und Silvesterbälle. Wir damaligen Jugendlichen immer dabei.
Kaum waren wir angekommen rief sie uns schon in ihr kleines „Reich“.
„Schön dass ihr da seid, geht es euch gut? Na kommt erst mal rein, zieht euch aus, macht euch hübsch, habt ja einen langen Weg hinter euch!“ Ja, unsere Mutter Haager, war immer für uns da. Sie kümmerte sich besonders um die Mädchen, ihre Ängste und kleinen Sorgen. Hatte sie doch selber zwei hübsche Töchter und wusste um die „Gefahren“. Auch während des Tanzes ging sie an jeden Tisch und fragte mehr als einmal, ob alles gut sei. In den Tanzpausen lief sie mit einem Töpfchen voll aufgewärmten Wachses und einem Entenflügel über die Tanzfläche und spritzte Wachs auf das Parkett, damit es besser rutschte. Wenn nötig besorgte sie Hoffmannstropfen, Pflaster oder Nadel und Faden für „ihre Mädels“.
Margarete Haager bediente unermüdlich und stets freundlich, schaute nach dem Rechten, kümmerte sich um alles und jeden, jahrzehntelang.

Am 30.Mai 1993, starb sie.
Damit war Brücks beliebteste Möglichkeit, den Alltag mal für einige Stunden hinter sich zu lassen, beendet. Heute liegt Mutter Haagers Grab auf dem Rottstocker Friedhof, auch, wie zu Hause, gleich neben der Tür, und wenn ich vorbeigehe hör ich sie in Gedanken immer noch leise sagen: „Schön, das ihr da seid, geht es euch gut?“
Sicher könnte jeder von uns Alteingesessenen andere, eigene Erlebnisse mit und ohne Mutter Haager erzählen. Selbst als langjährig Verheiratete machte das Ausgehen zu Haagers immer noch Spaß. Und viele, viele erinnern sich gern an erste Küsse im dunklen Hof oder unter den Büschen und Laubbäumen des Gartens. Die Gelegenheiten waren günstig und sehr mannigfaltig. Die Heimwege von der abgelegen liegenden Tanzstätte waren damals, ohne Fahrzeuge sehr lang und dunkel, so manch einer strauchelte, der gar nicht gestolpert war. Nun ist das alles lange her. Schade, dass es für unsere Enkel heute diese

unbeschwerten Erfahrungen im Heimatort nicht mehr geben wird. Ach ich wäre so gern „Kiekeweib“ an Haagers Fenster und würde dann sehen, „wer mit wem“ und mich dabei an meine schöne Jugendzeit erinnern.

(Brück d. 08.03.11 Nach einem Gespräch mit Margret Voß)

„Wir zieh'n ins Märkerland!“

Ist schon etwas merkwürdig, aber wiederum auch nett, wie uns die drei schwarzen Pferde mustern. Neugierig, wie Kinder, die keine Scheu vor Fremden haben, stehen sie dicht beieinander am Drahtzaun ihrer Koppel und schauen zu uns herüber. Dabei haben sie sich eben, als wir mit unseren Wanderstöcken bei ihnen vorbeiliefen, beim Grasen gar nicht stören lassen. Nun aber wollen sie genau sehen, ob es bekannte Gesichter sind, die sich in ihrer Nähe aufhalten, oder ob eventuell sogar eine Handvoll Hafer für sie abfällt. Ich wüsste gern, was wohl so in ihren Köpfen vorgeht, wenn sie uns Fremde dort sitzen sehen. Im Hintergrund, auf einer anderen Koppel grasen ein alter, müder Schimmel und ein junger Brauner, aber die kümmern sich nicht um uns. Sie sahen uns ja schon beim Vorbeigehen. Uns fällt auf, das es in unserer Gegend viel mehr Pferde gibt als zu DDR- Zeiten. Nun ja, die Haltung eines Pferdes soll im Monat 1000 Euro kosten, sicher war das einer der Gründe, wenig Pferde zu halten. Ich mag Pferde und es freut mich immer welche zu sehen, vielleicht kommt ja da auch die alte Ostpreußin in mir durch. Schön, dass es heute wieder Menschen gibt, die sie sich leisten können, die „Freunde des Menschen“ aufzuziehen oder zu halten. Überhaupt ist es schön hier draußen, ein wenig wie im Urlaub. Dabei sind wir nur immer am Plänchen und später der Plane entlang, bis nach „klein Venedig“ gelaufen. Wir wechselten auf den Hauptweg in die Felder und Wiesen hinein und fanden Freude hier so besinnlich um uns zu schauen. Sonne und Schatten, Lerchen und

Mücken, Maisfelder und Kräuter am Wegesrand wechselten sich ab, landwirtschaftlich betriebene Natur soweit das Auge schaute. Es freut mich, dass jemand diese solide Bank, auf der wir sitzen, gerade hierher gebaut hat, sonst wäre uns die Harmonie dieses Fleckchens Erde sicher nicht aufgefallen. So ein ruhiges Plätzchen, in Stille genossen, regt die Beobachtungsfreude an. „Eile mit Weile" ist sowieso unser persönliches Wandermotto. Zwar gehen wir flott, verweilen aber immer wieder gern wo wir etwas Besonderes entdeckt haben, oder einfach wenn wir müde sind. Nicht ganz so wie der deutsche Dichter Seume, der zu seiner Zeit den Absolutismus kritisierte .
Er war sehr viel „auf Schusters Rappen" unterwegs und besah sich in aller Ruhe Gottes schöne Welt. Und seit er sich so viel Zeit lies, beim Gehen und Schauen, mahnt man die Langsamen: „säume nicht"!

Aber ein wenig, ruhen nach einigen Kilometer wandern, darf sein, wenn man Siebzig ist. So sehen wir auch die kleinen, ich will nicht sagen, unwichtigen Dinge um uns. Sauerampfer zu unseren Füßen, die vielen Grashalme nicken und wiegen noch von unseren Schritten, die falschen Möhrenkräuter, oder wie sie sonst heißen, stehen wohl zur Auflockerung der optischen Vervollkommnung, dazwischen. Ameisen und Käfer krabbeln emsig ihrer Beschäftigung nach, man sieht, selbst so ein Fleckchen wilden Rasens hat seinen Reiz. Albrecht Dürer wusste schon, warum er sein „Grasstück" malte. Ja schön ist die Gegend um Trebitz und um Brück herum. Es ist ein ruhiges Fleckchen Erde, dessen Charme sich einem oft erst auf den zweiten Blick erschließt. D. h. hier sollte man öfter verweilen. Nun genug gerastet. Die Sonne meint es inzwischen schon gut mit uns, so dass wir den Weg durch den Wald zurück wählen. In kurzer Zeit liegt Trebitz vor uns, halb durchschritten, links eine schmale Gasse hindurch, Richtung Gärten und nach einigen Schritten wieder links, haben wir genau die Hütte vom kleinen Venedig vor uns. Wir wählen den rustikalen Sitzplatz an der Plane, neben der kleinen Treppe zum Wasser hinunter. Es schäumt und fließt, denn nach dem tagelangen Regen gibt es viel Wasser im Bach. Wasser bannt einen ja gerne beim Zusehen, auch wir würden gerne bleiben, aber die heute unersättlichen Mücken jagen uns auf und davon.

In der Ruhe!

Hab gesucht und hab gefunden,
jeden Tag ein wenig Ruh.
Jeden Tag auch mal Besinnung
Und ich hör auch wieder zu.
Ich hör zu und seh vor allem,
jeder rennt und hetzt sich ab.
Jagt dem Glück nach, dem geliebten,
und ist Jahr um Jahr in Trapp.
Doch ich ahne, Glück ist in uns
und bei all der Hetzerei,
geht's verloren und wir treten,
was längst bei uns war, entzwei.

Zum ersten Mal

Ein „Wendepunkt“ seines Lebens war für ihn sein erster Arbeitstag im „Wendejahr“ 1989, im Rathaus einer kleinen Stadt. Sein Leben lang war er Lehrer an den verschiedensten Schulen gewesen.
Könnt Ihr Euch vorstellen wie es ist, ein halbes Leben lang nur für sich, seine Familie und die im Beruf anvertrauten Kinder verantwortlich zu sein und mit einem Mal, sozusagen von einem Tag auf den anderen, für einen ganzen Ort? Dabei war er ehe ein ängstlicher Mensch.
Wie kam es zu diesem „Wendepunkt“ seiner Arbeit?
Schwerpunkte dazu waren: die „Wende“, die SPD, eine Wahl und quasi (für ihn auch neu) ein Parteiauftrag.
Das Büro im alten Rathaus war klein, dunkel und ohne „Schnickschnack“. Euphorisch über sein neues „Amt“ war er nicht.
„Was mache ich hier eigentlich?“
„Was bitte soll ich jetzt tun?“
„Gibt es hier überhaupt Arbeit für mich?“, dachte er voller Sorge.
Er sah sich um. Erst einmal sortieren! Was liegen hier für Stapel an Akten? Welche Bücher gibt es im Büro? Was ist in den Schubladen und sonst noch zu sehen? Womit soll, womit will er beginnen? Ein fremdes Terrain, eine fremde Atmosphäre, ein falsches „Arbeitsgefühl“ umgaben ihn, alles mutete ihn fremd an. Bis jetzt war sein Leben immer ganz klar strukturiert verlaufen, der bekannte Arbeitsplatz, die Kinder, die Kollegen.
Dinge, die er wie, wo, und wann zu erledigen hatte, aber nun? „Hoffentlich finde ich genug zu arbeiten und muss nicht so einfach herumsitzen“, dachte er. Keiner hatte ihn eingewiesen, was zu tun sei, fragen wollte er nicht, sich vor allem nicht lächerlich machen, also los! Liegen die Akten hier, werden sie auch für ihn sein. (Heinz Erhard, in einem seiner munteren Filme, erinnerte ihn an seine jetzige Situation.)

Es sind z. T. Anträge auf einen Hauskauf einiger Bewohner, die viele Jahre schon dort wohnen, ihre Heimstatt sicherheitshalber, durch Kauf, behalten wollen. Die Ängste, die hinter den Begründungen herauszuspüren sind, kann er sehr gut verstehen. Wer möchte schon

gerne plötzlich auf der Straße stehen, nur weil die Grundstücksfrage nicht geklärt ist?
Er findet Anträge von Firmengründern, Arbeitsuchenden und mehr, alles will gelesen, zur Besprechung weggelegt, oder weil fehl am Platz, mit Rückantwort abschickbereit gemacht werden.
In diesen, für uns alle recht unsicheren Zeiten, ein kleines Maß an Stetigkeit gewinnen wollen, das ist verständlich. Für ihn dabei am erstaunlichsten, wie viele Mitbürger bisher nur in Mietverhältnissen steckten. Hin und wieder klingelt das Telefon. Den ersten Vormittag seiner neuen Arbeit schafft er auf diese Weise besser und schneller als er dachte.
Die Tage vergehen.
Jeden Montagmorgen ist Amtsleitersitzung, die Leiter der verschiedenen Ämter beraten mit ihrem Leiter über anstehende Arbeit. Die bis jetzt noch recht fremden Gesetze müssen alle beachtet werden. Eine Schulung zur „Beamtenanpassung" hat begonnen, Lehrstoff: Gesetze, Gesetze, Gesetze. Rat sollte hin und wieder geholt werden oder Mitarbeitern Aufgaben zugeteilt, wollen notiert sein. Seine Versagerängste sind verschwunden, die Arbeit beginnt ihn zu „fressen".

Alles ist machbar, das meiste im Leben lernbar, weiß er nun aus eigener Erfahrung. Bald kann er über seine anfänglichen Ängste, nicht genug Arbeit zu haben, nur noch lachen. Weiter beginnt die Zeit zu rinnen und unter den Fingern wegzulaufen, Schlag auf Schlag sind Entscheidungen zu treffen, Berichte zu schreiben, Sitzungen mit Themen zu füllen. Sitzungsvorlagen sind nach wichtigsten Kriterien zu überlegen, zu formulieren und abzuarbeiten.
Neben der Büroarbeit gibt es noch die Arbeit im Stadtrat für ihn, die Abende sind zum großen Teil also verplant. Die Maßnahmen, Vorlagen, die er z. T. selber im Rat vorschlägt, muss er als Mitarbeiter im Rathaus verwirklichen. Exekutive und Legislative in einer Hand? (Nur hat man ja in kleinen Orten keine Gesetzgebung, aber eben Sitzungsvorlagen und deren Verwirklichung.)
Kurioses Durcheinander. Doppelbelastung für alle, die es trifft. So ist es nach der Wende.
Was gibt es noch im Amt? Reisen in Partnerstädte, um zu lernen. Es sind Briefe zu verfassen, ein Haushaltsplan, ein Arbeitsplan (zwar nur intern aber wichtig) mit allen Beteiligten aufzustellen,

Gelder sind zu verwalten und abzurechnen. Man muss sich in den neuen Gesetzbüchern kundig machen, um keine Fehler zu verursachen, Gesetze werden ständig erweitert, auch so eine von den neuen Erfahrungen. Material ist zu erarbeiten, dazu die vor einem Jahr begonnene Schulung mit Prüfung zu beenden. Er muss ständig Telefonate führen, Menschen trösten oder unterstützen, mit all ihren „Nachwendeproblemen“. Alle haben Schwierigkeiten mit der neuen Zeit, sogar die Schulen, Kindergärten, Feuerwehren. Auch die Vereine, Rentner und verängstigte Miteinwohner kommen und brauchen Hilfe. Niemand kennt sich in den ersten beiden Jahren wirklich aus. Wohnungsfragen sowie Verkäufe müssen geklärt, Betriebe neu angesiedelt werden und vieles andere mehr.
Die Welt scheint im Osten panisch. Jeder hat Angst irgendwie zu spät zu kommen. Unser ehemaliger Erzieher staunt, in was für eine Arbeit er da geraten ist.
Und was ihn absolut zu stören beginnt, sind Verantwortliche, die nur an sich denken.

Sein Neues, ehemals völlig fremdes Arbeitsleben hält ihn auf Trab. Für Familie bleibt keine Zeit, Das Wort „Freizeit“ wird zum Fremdwort. In den ersten vier Jahren nach der Wende überschlagen sich für die damaligen Verantwortlichen die Probleme, alles sollten sie sofort wissen, nie Fehler machen, das war fast unmöglich, denn auch sie „übten“ ja zum ersten Mal „im Westen leben“.

„Im Nebel“

Ich seh’ ein weißes Nebelmeer,
ein Meer, in das ich sinke.
Doch dieses Meer, es ist nur Schein,
so dass ich nicht ertrinke.

Und schwarze Vögel steigen aus
des Nebels grauen Tiefen.
Sie fliegen hoch und sinken bald,
als wenn sie darin schliefen.

Da kommt die Sonne, strahlend schön,
sie wird das Meer verschlingen!
Der Nebel hält sich, wabert weiß,
sein Kampf wird nicht gelingen.

So manches was im Nebel liegt,
beängstigt unser Sein,
die Sonne strahlt und deckt es auf,
mit ihrem hellen Schein.

Ein letzter Wunsch

Fast jeder kennt das: Man gibt ein Versprechen und kann es, aus welchen Gründen auch immer, nicht halten. Manchmal macht es uns nicht viel aus, aber hin und wieder quält es uns. In so einer Situation möchte keiner stecken. „Versprochen ist versprochen und wird nicht gebrochen!“, hieß es schon in Kindertagen.
Der Tod der beliebtesten und bekanntesten Kuchenbäckerin Lili Fanow aus der Bahnhofstrasse brachte das Brücker Bläserquintett in so eine verzwickte Situation.

Klaus- Dieter Fanow, Lilos Sohn, und Mitglied dieses Quartetts übermittelte seinen jahrzehntelangen Musikfreunden, noch vor dem Tod seiner Mutter deren letzten Wunsch. Sie sollten für sie ein letztes Mal, an ihrem Grab musizieren.
Letzter Wunsch, das klang so bedrückend endgültig.
Die vier Männer vom Brücker Bläserquartett hatten ihrer fürsorglichen, rundlichen, langjährigen Mitstreiterin bei den alljährlichen Weihnachtskonzerten viel zu sehr in ihr Herz geschlossen, als dass sie ihr diesen Wunsch abgeschlagen hätten.
„Natürlich spielen wir!“
Die vier hatten schon als Jugendliche miteinander musiziert. 1986, längst waren sie erwachsen, hatten sie damit begonnen am „Heilig Abend“ in Fanows Vorgarten ein kleines Weihnachtskonzert zu geben.
Lili Fanow, liebevoll Lili genannt, hatte für „ihre Jungens“ einen leckeren Glühwein gebraut und Kekse gebacken, die diese redlich mit ihren wenigen Zuhörern geteilt hatten. Es war eine blendende Idee, die nun in jedem Jahr am gleichen Tag wiederholt wurde. In den Jahren wurde es zur hübschen Tradition. Die Glühweinbehälter wurden größer, Kuchenbleche lösten die Kekse ab.
Lili hatte jetzt vor dem Heiligen Abend richtig zu tun. Finanziell war es nicht mehr alleine zu bewältigen, jeder Teilnehmer zahlte freiwillig einen kleinen Obolus.
Inzwischen hatte, Gerd Dinter, ein Lehrer, als Redner, die Programmführung übernommen.
Der „Weihnachtsmann“ vom Juwelier Ehle, verteilte an die Kleinen Süßigkeiten und Geschenke von „Ehles“ Weihnachtstombola.
Polizei und Feuerwehr, sowie viele Zuhörer von umliegenden Ortschaften waren inzwischen dazugekommen. Aus der kleinen familiären Feier war eine Großveranstaltung geworden. So verlegte man das zu groß gewordene Event auf den Feuerwehrvorplatz.
Lili Fanow starb in der kältesten Zeit 2010, nur mit Mühe konnte ein Grab geschaufelt werden.
„Die Jungens“ – Uwe Wollnik, Uwe Breitkreuz, Andreas Wiangke, Klaus Fanow – waren in Sorge. Wie sollten sie bei dieser Kälte spielen, wie ihr gegebenes Versprechen einlösen?
Sie probten unter freiem Himmel. Die Trompeten hatten Mühe. Bei der Tuba fror das Ventil ein, spielen war unmöglich geworden. Ohne

Tuba jedoch war das Quartettspiel unmöglich, das gegebene Versprechen dadurch natürlich nicht einzuhalten.
Was war zu tun?
Männer mit Herz halten ihr Versprechen!
Wo ein Wille ist, ist auch ein Weg, lautet ein geflügeltes Wort. Andreas Wiangke, der Tubaspieler nahm einen Föhn mit auf den Friedhof und erwärmte damit in der kleinen Totenhalle des Rotstocker Friedhofes, kurz vor dem Konzert das Tubaventil. Warmer Atem hielt die Instrumente während des Spielens frei von Frost.
Ein letzter Wunsch ging trotz Hindernissen in Erfüllung!
Mit einer Schwierigkeit jedoch hatten alle vier nicht gerechnet. Beim Spielen tauchten vor ihren inneren Augen Bilder aus der Vergangenheit auf, mit und ohne Lili, die ungeweinten Tränen, die ihnen im Halse steckten, ihnen in die Augen steigen wollten. Bei wie vielen Freunden und Weggefährten hatten sie inzwischen am Grab gespielt? Wie immer half hier nur, keinen der Trauergäste anzusehen, den Blick fest auf die Noten gerichtet und spielen, spielen, spielen, bis es zu Ende war.

Trauriger Anblick

Um mit Eugen Roth zu sprechen: „EIN LOCH IST DA, WO ETWAS NICHT IST“.

Das stimmt. So ein Loch kann den Betrachter lustig oder traurig stimmen, ihn vielleicht sogar zu wissenschaftlichen oder philosophischen Betrachtungen anregen.

Mich stimmt z. B. traurig, wenn ich an einem bestimmten Grundstück unseres Ortes vorbei gehe und ein tiefes Loch sehe, wo einst ein Haus stand. Sicher, es war kein großes Gebäude, geduckt stand es unter vielen Bäumen und Büschen des Gartens und war nach und nach tief ins Erdreich gesunken, dennoch beschützte es seine Bewohner.

Jetzt hatte man es mit Maschinen dem Erdreich entrissen.

Eugen Rots Aussage könnte in diesem Fall einmal erweitert werden: „EIN LOCH IST DA, WO ETWAS NICHT MEHR IST“.

Der traurige Anblick lenkt meine Gedanken in die Vergangenheit. Ein- und ausgegangen sind wir einst im verschwundenen Haus. Wir haben oft und gern mit den Bewohnern geredet, gefeiert, getanzt und gelacht. Wir sahen die Kinder aufwachsen, haben Kummer und Sorgen geteilt und wenn es nötig war, gebangt und geweint mit unseren Freunden.

Die Umstände beendeten die Gemeinsamkeiten, was blieb, ist ein Loch.

Andere Bekanntschaften wurden Teil unseres Lebens, doch jetzt erinnert mich dieses Erdloch an längst Vergangenes, führt mir vor Augen, wie vergänglich vieles im Leben ist und mahnt, Schönes zu nutzen, solange es andauert. Es zeigt, dass sich alles verändert, kommt oder vergeht, uns aber trotzdem die Hoffnung auf Besseres lässt.

Ich wünsche mir, dass in absehbarer Zeit ein neues Haus dieses Loch füllt, fremde Menschen dort leben und sich ihre Umwelt schön gestalten.

Wo wohnt die „Hasenbande"?

Termingerecht, eine Woche vor Ostern, durften wir Brücker sehen, wo die kleinen „Hasen" wohnen und spielen. Nun gut, Sie ahnen es schon, ich meine natürlich nicht die „Osterhasen", sondern die Lütten, die durch eine christliche Elterninitiative eine alte, seit kurzem neu gestaltete Kita erhielten.
Am 17. April 2011 begann für alle interessierten Bürger um 15.00 Uhr in der Brücker Straße der Jugend 6 ein „Tag der offenen Tür". Schon eine halbe Stunde später herrschte reges Treiben im ehemaligen „Kindergarten am Sonnenberg". Initiatoren und Handwerker, Eltern, Kinder, Erzieher und Gäste füllten sowohl den Garten als auch die hell und freundlich gestalteten Räume der Einrichtung und erfreuten sich am üppigen Kuchenbüfett unterm Sonnendach, das die Gastgeber aufgebaut hatten.
Der erste Eindruck vom Haus – alles sehr frei und luftig. Schon im Hausflur empfing uns ein fröhliches Grünweiß an den Wänden, die üblichen, einengenden Garderobeneinrichtungen fehlen. Die Kacheln in den Waschräumen – zum Stehlen schön mit den lustig variierten Fröschlein. Für die größeren Kinder gibt es Sichtschutztüren vor jeder der kleinen Toiletten. Lichtschalter an jeder der vier Treppenstufen im Flur, dazu eine Sicherheitstür, aus einem Laufgitter gebaut, als „STOP" für die Kleinsten. Eine neue, dritte Ausgangstür führt von der ehemaligen Küche ins Freie. Die Räume der Kinder so gestaltet, dass man gerne selber noch einmal Kind sein möchte, um hier spielen zu dürfen. Mich freut, keine Antenne auf dem Dach zu sehen. Fernsehen ist also nicht möglich! Für Kinder in diesem Alter gibt es so viel andere, bessere Möglichkeiten!
Gut gemacht, fanden alle, mit denen ich gesprochen habe. Wissen Sie, wie jemandem zumute ist, dem alles fremd und doch so vertraut ist? Vor vielen Jahren war ich selbst in dieser jetzt neuen, schönen Kita lange Zeit als Erzieherin tätig. Meine Erinnerungen an jene Zeit verwoben sich mit dem Neuen, das ich nun sah. Natürlich vermisste ich so manche, mir in den zurückliegenden Jahren lieb gewesene Kleinigkeiten, z. B. gemütliche Puppen- und Bauecken. Hin und wieder beschlich mich auch Wehmut nach „meiner" Zeit dort in der Straße der Jugend. Als Fachfrau entdeckte ich beim Anschauen, dass

immer noch einiges fehlt. Jedoch bin ich mir sicher, dass Initiatorin und Elterngruppe mit weiteren guten Ideen und tatkräftiger Unterstützung auch die letzten Hürden nehmen werden.
Und sehr froh bin ich, dass dieses Haus, dieses Grundstück unseren kleinen „Hasen“ erhalten bleiben wird.

(aus dem evangelischen „Gemeindegruß“)

Januar 2010

Lange hat's nicht so geschneit,
kalte Pracht liegt weit und breit.
Jedes Ding, das ich jetzt seh'
hat ein Häubchen auf, vom Schnee.

Feld und Wies ein weißes Meer.
Wind treibt Schneewehen vor sich her.
Und die Bäume, weit und breit
tragen stolz ihr Winterkleid.

Ach wie ruhig scheint die Welt,
wie ein kaltes Winterzelt.
Nur die Vögel, die uns blieben
holen sich von allen lieben
Menschen, die jetzt Futter streun,
ihre Winternahrung ein.

Lieblingsplatz, Lieblingsplätze?

Ein wunderbares Stichwort!
Meine Gedanken wirbeln. Lieblingsplätze sind so vielfältig wie die Liebe und ihre Möglichkeiten selbst.
Da gibt es die berühmten Lieblingsplätze des Weltgeschehens. Auch zu Deutschland fallen mir sofort Beispiele ein.
Natürlich ergeben auch die Worte Lieblingsplatz und Heimat eine sehr gute Symbiose.
Im großen alten DDR- Duden finde ich das Wort „Lieblingsplatz" nicht. Dafür aber „liebgewordene Gewohnheit". Na da haben wir es ja schon! Ein umfassender Begriff, der nicht nur uns Menschen vorbehalten ist. Alle Lebewesen, sogar Pflanzen können Lieblingsplätze haben. Wir Menschen sind sowieso bei der Auswahl so eines Platzes fast ohne Tabus.
Beobachten wir mal die Fliegen. Marmeladenbrote, Gammelfleisch, Misthaufen, Krankenstuben, alles Orte wo wir sofort wissen, „nein danke". Auch mit den Lieblingsaufenthalten so manchen großen und kleinen anderen Tieren könnte ich mich nicht anfreunden, also auch hier, Tabus für mich. Trotzdem z. B. zusammengerollt auf einem warmen Plätzchen liegen, wie die Schlangen, ist schön. Sitzen, kauend oder schlafend auf einer schönen Wiese, wie die Kühe, Schafe oder Ziegen, hat was Verlockendes, auch für uns Menschen.
Oder, fliegend, schwimmend, wandernd durch Gottes schöne Welt, um nach behaglichen Plätzen Ausschau zu halten, kann für manche schon zum Lieblingsplatz, zur Lieblingsbeschäftigung werden.

Psychotherapeuten raten, um sich entspannen zu können, in Gedanken seinen Kindheitskuschelplatz aufzusuchen und dort so lange zu bleiben, bis man ruhig wird.
Wir aber wollen einen Lieblingsplatz in Brück beschreiben. Damit bin ich auch endlich beim genauen Anliegen dieser kleinen Geschichte.
Lauft mal in Gedanken mit mir zum Brücker Plänchen hinter der Badeanstalt. Am „Plänecken" entlang, über die Silberbrücken Straße hin, an der Zickenwiese vorbei, bis zur Planebrücke, rechts hinein zum neu angelegten „Kleinen Venedig".
Eigentlich ist dabei, die ganze Strecke, der Weg das Ziel.

Trotzdem wollen wir noch ein Stückchen weitergehen. Wenn wir an der neuen Rasthütte vorbei sind gabelt sich der kleine Waldweg.
Wir nehmen den rechten Pfad und kommen zur Trebitzer Wagenfurt. Hier steht eine einfach gezimmerte kleine Holzbank, mit Blick zum Wasser.
Mein Lieblingsplatz in Brück!

Bei Sonnenschein flimmern die Blätter der überhängenden Bäume und spiegeln sich im Wasser. Es rinnt und sprudelt immerfort. Der Bach führt Laub, Stöckchen oder kleines Getier mit sich. Dort kann man beobachten, träumen und lange Zeiten vor sich hinsehend Probleme vergessen.
Man kann auch das Wetter, das Wasser, den stillen Wald ohne Störung genießen.
Schön ist es dort!
Manchmal jedoch ist es hier dunkel und abweisend, unbehaglich, dann suche ich mir eine andere Stelle. Trotzdem ist dieses Flecken Erde unserer Heimatstadt, wie ich inzwischen weiß, nicht nur mein liebstes Plätzchen.

Wieder zu Hause gibt es noch einen Lieblingsplatz den ich für keinen anderen tauschen möchte.

Mit Buch und Apfel, eingekuschelt in die Sofaecke, oder auch, je nach Jahreszeit, in die Gartenschaukel, lesend die Welt vergessen für ein Stündchen oder mehr, dass ist Erholung pur.
Wie ihr seht, Lieblingsplätze müssen nichts Besonderes sein, sie sind Orte zum Verweilen für Jedermann.
Ein wenig Muße, ein ruhiges Gewissen, ein wenig inneren Frieden, dann findet man ihn sogar in sich selbst.

Wünsche!

Über Wiesen, zart begrünt erst,
über Felder, grau und leer,
treibt der Wind die Ackerkrumen.
Und ich fühle mich so schwer!

Möchte' auch fliegen, mit den Wolken!
Hin zur Sonne, hin zum Meer,
doch den Windhauch, der mich fort trägt,
gab der Nordost noch nicht her.

An der Autobahnabfahrt

Glatte Straßen, weite Felder,
hier und da ein Baum dabei,
ja, ich fühl mein Herz schlägt ruhig,
und ich atme wieder frei.

Straßen, Felder, Kiefernwälder,
alles ist mir hier vertraut.
Brück liegt vor mir,
ich genieß' es, wie ein Streicheln meiner Haut.

Im Blicke unserer Interesses

Rückblickend nach vier Jahren Schreibarbeit über unser Heimatstädtchen Brück kann man sagen, das selbst so ein kleiner Ort, wie der unsere mehr Schreibstoff bietet, als wir je angenommen hätten.
Da wir in den Jahren Interesse und Vertrauen aufbauen konnten, gaben uns viele Bürger Einblicke in ihr Leben und ihre Gedanken. Dieses verhalf unseren Büchern zu interessanten Geschichten.
Anderen Bewohnern fehlte bis jetzt der Weitblick zu erkennen, wie wichtig es ist, gelebte Geschichte für kommende Generationen zu bewahren.
Dieses ist nicht erstaunlich, uns selber fehlt es oft am Scharfblick die „Spreu“ vom „Weizen“ zu trennen.
Nur Karin, als Leiterin unserer kleinen Gruppe, behält in allen Situationen den Überblick über Wichtiges oder zu Vernachlässigendes.
Früher hätte jeder verstanden wenn ich sage, wir anderen „verzetteln“ uns gern, d.h. wir lassen uns vom Alltag und manchen Nichtigkeiten ablenken, schreiben wenig kontinuierlich, geben dem interessanten Augenblick nach. Das Schreiben ist bei uns immer nur ein sogenanntes „Hobby“.
Dennoch, der Anblick der bisherigen gedruckten Bücher freut uns sehr, macht uns auch stolz Auf unsere Altersleistung.
Ja, wenn wir dann sehen, wie viele Geschichten wir wieder neu geschrieben haben, sind die Ausblicke auf ein neues Buch gar nicht so schlecht.

Ein Brücker Zinnfigurenkabinett

Haben wir hier nicht! Welche Zinnfiguren?
Doch, wir hatten es einmal, es gab ein Zinnfigurenkabinett in Brück aber ein weitestgehend Unbekanntes.
Eine Begebenheit vor vielen Jahren ist mir mit dem Schreiben Brücker Geschichten wieder gegenwärtig geworden.
Kurz nach der Wendezeit, ich bin bei eine ehemaligen Kollegin aus dem Kindergarten zum Kaffee eingeladen, weil ihr Mann mir etwas zeigen möchte.
Natürlich bin ich gespannt, was will er mir zeigen, der Herr Heutensleben? Um ihn handelt es sich in dieser kleinen Geschichte. Herr Heutensleben ist sonst eine sehr zurückhaltende Person, was also will er mir Wichtiges zeigen von seinen vielfältigen interessanten Hobbys? Hat er neue Tiere präpariert oder Schmetterlinge und andere Insekten hinter Glas verewigt? Baute er neue Modelle aus Sperrholz oder elektronische Dinge? Malte er neue Bilder oder setzte er Briefmarken, Münzen, Mineralien in Rahmen, hat er gar einen neuen Stern entdeckt?
Na, mal sehen, ich bin jedenfalls gespannt.
Herr Heutensleben ist von Beruf zuletzt im RFZ-Berlin Konstrukteur gewesen. Er hat viele und interessante Hobbys, die es wert sind kennen gelernt zu werden, vom Musizieren und Interesse für Geschichtliches will ich gar nicht reden.

Das Kaffeetrinken will gar nicht aufhören! Endlich bittet mich Herr Heutensleben in ein gegenüber liegendes Zimmer.
Zinnfiguren, wohin ich auch schaue, Zinnfiguren!
Aufgebaut wie in einem Museum. Gemalte ausgeschnitten und als Kulisse aufgebaute Häuser, Straßen, Bergwerke, Klöster dazu Hunderte von dazu passenden Zinnfiguren.
Mönche und Sänger, ganze Chöre, Blaskapellen. Bergleute bei der Arbeit, Getümmel auf Straßen und Plätzen. Eine Gestaltung der Schlacht bei Hagelberg hier in unserer Gegend.
Fuhrwerke mannigfaltiger Art, vielerlei Berufe oder Beziehungsgruppen.

Für mich aber als Höhepunkt eine Puppenstubenwerkstatt mit angrenzender Küche. Alles, alles selber entworfen und gebaut dazu die kleinen Werkzeuge aus Zinn, wunder, wunderschön! Ja, zum Stehlen schön.
Ich war begeistert.
Herr Heutensleben bremst. „Na sehen sie mal, für die ersten Figuren habe ich alle Schablonen selber aus Stein gekratzt, die sind doch gar nicht so feingliedrig geworden, und auch noch nicht so sauber bemalt“. Er hat zwar recht, aber mich stört es überhaupt nicht. Welche Arbeit, welche Leistung! „Na und die meisten sind ja nach fertigen Schablonen gearbeitet“, ergänzt er dann noch etwas misslaunig. Das schmälert seine Leistungen in meinen Augen überhaupt nicht. Habt ihr schon einmal versucht so eine winzige Figur nur mal zu bemalen? Eine Sisyphos-Arbeit sage ich euch, denn ich spreche da aus Erfahrung. Und er hat nicht nur Hunderte davon, sondern noch vieles andere dazu gestaltet.
Ach was, es ist einfach umwerfend, was ich hier sehe. Hausfronten aus Sperrholz, faustgroße Kanonen, Kutschen, Bilder und mehr. In Regalen und an den Wänden verteilt nur Selbstgebautes. Wer hätte das gedacht, der ruhige, zurückhaltende Herr Heutensleben hat ein ganzes Zinnfigurenkabinett, völlig allein, im Laufe vieler Jahre, gebaut.
Das müssen alle interessierten Menschen in Brück sehen, ist meine erste Reaktion.
Als ich ihm meine Ideen von einer Ausstellung im Ort oder Aufkauf durch ein Museum schmackhaft machen will, lehnt er kategorisch ab. „Ich möchte das nicht, Menschen sind neidisch, ich wecke keine ‚schlafenden Hunde‘.“ Mit Nichts kann ich ihn überzeugen, es ist ein Jammer!
Da hat Brück nun ein wunderbares Zinnfigurenkabinett und kaum einer wird es je sehen.

Das ist viele Jahre her. Am 22. Okt. 2003 starb Herr Heutensleben mit 82 Jahren.
Sein wunderschönes Kabinett ist aufgelöst, in alle Winde verstreut, manches auch weggeworfen, welch ein Jammer!
Ein winziger, liebevoll wieder aufgebauter Teil der Arbeiten befindet sich bei seinem Sohn Jürgen in Beelitz, der mir freundlicherweise Bilder, Einblicke und Daten zur Verfügung stellte. Manch Arbeit seines Vaters ging an Schulen und Museen oder auch andere Familienmitglieder.

Hermann Heutensleben

Herr Hermann Heutensleben aber, den sicher nur noch die älteren Bürger hier kannten, sollte uns allen unvergessen bleiben als einer der interessantesten Menschen unserer kleinen Stadt.

Eine „Oma – Rede" zur Konfirmation 2015 in der Lambertuskirche Brück.

Liebe Konfirmanden, liebe Eltern und Gäste!
Einen herzlichen Glückwunsch zu Eurem Ehrentag, liebe Konfirmanden!
Darf ich mich Ihnen zuerst einmal vorstellen! Mein Name ist Monika Stechbart, Oma von Annelie Görisch. Von meinen Lebenserfahrungen soll ich berichten. Ja, da hat sich viel angesammelt.
Ein kluger Mann sagte: „Wenn man in der Jugendzeit schon wüsste, wie kurz das Leben ist, würde man nicht so viele Jahre verschwenden!" Also, wenn möglich, nutzt Eure Zeit.

Da schaue ich auf Eure erwartungsvollen Gesichter und freue mich mit Euch.
Wie wird der Tag heute?
Was wird es an Geschenken geben?
Wie wird es sein, so als „Erwachsene"?
Ja, freut Euch, das Leben hat Euch viel zu bieten. Heut nun, werdet ihr aufgenommen in unseren Kreis. In Form der Einsegnung streift Ihr die Kinderschuhe langsam ab.
So nach und nach könnt Ihr jetzt vieles tun, was neu für Euch ist. Die Berufswahl steht an, hin und wieder ausgehen, Freundschaften ernster Art schließen, mitreden bei Familiendingen und vielem Anderen.
Ich wünsche Euch Glück, bei allem was Ihr anpacken werdet.
Ich wünsche Euch Ausdauer bei den Dingen, die Euch wichtig sind.
Ich wünsche Euch Gesundheit und Gottes Segen auf Eurem Lebensweg, der, und das weiß ich sicher, nicht ohne Probleme sein wird.

Mich hat ein über 70 jähriges Leben gelehrt, niemals die Hoffnung aufgeben, wenn es schwer wurde!
Vertraut auf Gott und auf eure eigene Kraft, Ihr habt mehr davon als ihr selber wisst.
Vertraut auf eure Eltern, Großeltern, Geschwister und Familie.
Gelernt habe „ich" aber auch, dass das „muss" im Leben eines Menschen hart sein kann. In der Bewältigung der unangenehmen Dinge könnt Ihr jedoch zeigen, was in Euch steckt. Aufgeben kann jeder!
Floris, Jasper, Felix, Maximilian, Christoph!
Solltet Ihr es noch nicht können, lernt die Dinge zu durchdenken, „bevor" Ihr handelt. -
Meine Mutti sagte immer: „Du kannst tun was du willst, aber du selber wirst es tragen müssen."
Ja, bald wird Euch das Leben lehren, Verantwortung für gemachte Handlungen selber zu tragen. Bewältigt unangenehme Dinge möglichst schnell, Sie holen Euch immer wieder ein, sind sie jedoch erledigt, kann man sie abhaken.
Habt Spaß mit Euren Freunden, aber vertraut ihnen nicht blind. Nicht alles ist für jeden gut. Denn, nur „nachmachen" heißt, das Ihr irgendwann nicht mehr ihr selbst seid! – Gewöhnt Euch besser von Anfang an daran!- Denkt selber!

Vanessa, Sophie, Katarina, Leandra, Sarina, Carolin und meine Annelie!
Ihr habt euch schön gemacht heute morgen, Euch gepflegt und schon lange vorher ein „Outfit“, das zu Euch passt, gewählt. Ihr seid auf den Tag gespannt und voller Neugier und Freude, ihr „strahlt“. Behaltet auch als Mädchen und Frauen dieses „Strahlen“ für das ganze Leben bei. Versucht immer, Euch Freude und Neugier zu erhalten, denn das macht Euch anziehend und liebenswert. Was ich mir speziell für Euch wünsche? Traut nicht allen schönen Worten, sie sind schnell gesagt. Lasst Euch Zeit und beobachtet.
Gut ist, wer gut handelt!

Annelie, mein Schatz,
du bist die, warum ich trotz schlafloser Nächte und Angst hier vorne stehe!
- Nur um Deinetwillen rede ich hier, versuche dazu beizutragen, dass dieser Tag Dir unvergessen bleibt.
Du warst eines der privilegierten Kinder, die schon von der ganzen Familie geliebt wurden, noch ehe sie geboren waren.
Behütet, geschützt, auch ein wenig verwöhnt, durftest Du im Frieden aufwachsen. Schau Dich in der Welt um, wie selten so etwas ist. Nimm es nicht als „selbstverständlich“, etwas Dir Zustehendes, sieh es als Geschenk an Dein persönliches Leben. Wir, Deine Familie, wünschen Dir von ganzem Herzen, dass Dir ein Leben lang, Kummer und Leid erspart bleiben mögen.
Annelie, Mammis kleine „Pippi Lotta“, wie oft haben wir miteinander, gelacht, gesungen, gelesen oder über „Gott und die Welt“ geredet. Wie oft Kekse und Kuchen gebacken und verziert. Wie oft gekocht. „Oma, machst du Karamellen?“, hör ich ja jetzt noch manchmal.
In Handarbeiten haben wir uns versucht und sogar ein wunderschönes Märchen hast Du zu schreiben begonnen. Ausflüge und baden standen auf unserem Programm.
Du liebst es, von „früher“ zu hören. Wie oft wurdest Du in Krankheit betreut und gesund gepflegt.
Annelie, meine Kleine, Große,
Gott erhalte Dir Dein frohes, sonniges Gemüt, Deine Fröhlichkeit und Unbeschwertheit. Das alles sind „Herzöffner“ die Dir auch im Erwachsenendasein Dein Leben erleichtern werden. Und mein Liebling,

lass nicht zu, dass sich mehr Fenster in Deinem „Lebenshaus“ schließen, als notwendig.

Lebenshaus?
Die Älteren werden wissen, was ich meine. In der Jugend ist jedermanns „Lebenshaus“ hell, offen, voller Möglichkeiten, Licht und Luft. Nach und nach, durch Tod, Enttäuschung, Krankheit schließen sich Fenster für immer, es wird dunkler, unwohnlicher, bis vieles gar nicht mehr geht. Liebe Konfirmanden, schlagt nicht mutwillig Fenster in Eurem Leben zu, die Euch Licht brachten, lasst nicht zu, dass es dunkel wird in Eurem Haus.
Ich bin mir sicher, dass Eure Eltern und Großeltern heute vieles in ihrem Herzen bewegen, wünschen und mit mir fühlen.
Gesundheit für Euer Leben, ein gutes Händchen bei Eurer Berufswahl und auch in den trüben Zeiten Sonnenschein und Hoffnung im Herzen.
Bewahrt Euch Mitgefühl, Hilfsbereitschaft und Nächstenliebe fürs ganze Leben.
Bleibt dankbar gegen alle, die es verdienen, und zeigt es auch.
Ich wünsche mir für die Menschen hier, dass sie nie vergessen füreinander da zu sein. Einen wunderschönen Tag, und für uns alle Gottes Segen.

Monika Stechbart 24.05.2015

Borkheide

Weide mein Auge, weide dich an Bäumen und Wald.
Labe dich an schönen Gärten, mit trauten Ecken,
darin zu verstecken die Seele.
Geh auf einsamen Wegen, Freunden entgegen,
die, genau wie du, die Ruhe lieben.
Die, der Hektik entronnen, sich endlich besonnen auf sich.
Gräme dich nicht um die Welt mit ihrem Gespür
für das Neue, Bunte und Laute.
Du, mein Auge, sieh das Vertraute, Bäume im Wald.
Borkheide!

Menschen um uns

Brück, wo Träume Gestalt annehmen

Der schöne Brücker Wanderweg am Plänchen müsste unbedingt noch einen geschnitzten Blickfang haben, meinte Landrat Lothar Koch, und animierte seine Gäste, ihm zum 60. Geburtstag keine Geschenke zu überreichen, sondern diese Idee ideell und finanziell zu unterstützen.
Seitdem beschäftigte Herrmann Strübing, Hobbyschnitzer, das „wie" der Ausführung..
Im Traum, sah er einen durchsichtigen Baumstamm, durch dessen geheimnisvolle Fenster er nicht nur auf die, als kleines Bild begrenzte Landschaft, sondern auch, in der Phantasie, auf Ereignisse blicken konnte, die sich hierzulande vor vielen hundert Jahren märchenhaft zugetragen haben könnten. Dieser Traum ließ ihn nicht mehr los. Er wusste auch auf einmal, was er zu schnitzen hatte. Es sollte eine „Phantasiegeschichte" aus Holz werden.
Der 112. Deutsche Wandertag im Juni 2012, in Potsdam Mittelmark kam gerade recht.
Als begabter Schnitzer im Zirkel (z. B. das Alphorn) und Mitglied der Wandergruppe „Flinke Füße" liebte er den Wald und Holz sowieso. Herrmann gehört zu den wenigen Menschen, die schon an einem Stamm erkennen können, welche Figur sich darin verborgen hält und herausgeschnitzt werden will. Der Baumstamm, in den sich Fenster gestalten ließen, war bald gefunden.
Aus der Chronik der Stadt Brück aber, konnte ich eine Geschichte entwickeln, die zu Herrmanns Traumfiguren passte.
Nach 1360, Brück hatte gerade „just civitas", d.h. die Stadtrechte erhalten, gab es hier eine bewehrte, (d.h. verteidigte) Holzburg. Herr dieser Burg war ein unangenehmer Zeitgenosse, alle nannten ihn nur den „Unducht", was soviel wie Unhold bedeutete. Seine Untergebenen hatten nichts zu lachen. Er tyrannisierte sie und die ihm anvertrauten Tiere und schreckte auch vor Mord nicht zurück.
Mit Vorliebe missbrauchte er dazu den friedlichen Wald am „Pläneken".

Irgendwann war das Maß voll. Die Untertanen beschlossen diesen „Unhold" zu bestrafen. Sie fingen ihn ein, brachten ihn des Nachts in den Wald am Plänchen, der Stätte seiner meisten Untaten, und berieten über die ihm zugedachte Strafe.
Ein weiser Alter, „Uhu" genannt, bekannt für Gerechtigkeit und Friedfertigkeit, verkündete ihm folgendes Urteil: Alle Anwesenden wünschten:
- Fortan müsse er, eingeschlossen in einem Baum, alle verübten Frevel am eigenen Leib erdulden. Eine Erlösung sei nur möglich, wenn es einem „hölzernen Ziegenbock" gelänge, ohne fremde Hilfe, eine schmale Himmelsleiter zu erklimmen.
- Sein Pferd „Kratzefuß", das ihn willig zu allen Untaten getragen hatte, würde in eine Schachfigur verwandelt werden.
- Die Holzburg wird zerstört und nie wieder errichtet.
Ihr Wünschen hatte Kraft!
Wie das Urteil gesprochen worden war, so geschah es!

Viele Jahre schnitzte Herrmann Strübing an den Figuren, von denen seine erfundene Traumgeschichte erzählte.
Mit Unterstützung von Lothar Koch, dem „Freizeitkönig" Siegfried Tangnatz, sowie den Helfern aus den Reihen der Wandergruppe „Flinke Füße" wurden sie entlang dem Brücker Wanderweg positioniert, und sind seit dem 16.05.2012, als die sogenannten „Planegeister" zu bestaunen.
Zu sehen sind: ein Baum, am Pavillon, der vielleicht auch „Sie", in die Vergangenheit blicken lässt, ein Uhu, als Verkünder des Urteils, die Schlangen als Symbol des vitalen Lebens, der im Baum gefangene Unhold „Unducht", die Schachfigur „Kratzefuß", der hölzerne Ziegenbock und die schmale Himmelsleiter, im Volksmund „Spargel" genannt, an der Zickenwiese.

„Freizeitkönig“

Ein modernes Märchen aus Brück

Es war einmal, vor gar nicht langer Zeit, ein Mann. Er lebte in dem alten Städtchen Brück am Rande des Flämings. Mit allerlei Anstrengungen gelang es ihm, gut durchs Leben zu kommen. Als Kraftfahrer und Anschläger auf einem Kran war er stets gut beschäftigt.
Er gründete eine Familie und sorgte für ihr tägliches Auskommen. Die Jahre zerronnen ihm unter den Fingern, er wurde zwar nicht reich, aber er war auch kein armer Mann. Zeit für Hobbys oder besondere Kreativität blieben ihm nicht. Seine Familie bedeutete ihm viel, die Arbeit machte Freude, und so war er zufrieden mit seinem Leben. Seit Neuestem war es aber nicht mehr so!
Was war geschehen?
Für ihn hatte ein neuer Lebensabschnitt begonnen: „Ruheständler“, nannte man ihn jetzt. Ruheständler! Wie das schon klang, genau so kam er sich auch vor, nämlich überflüssig. Er konnte und konnte keine Ruhe finden, und das Auf-der-Stelle-Stehen war so gar nicht sein Ding. Da war er schon mehr ein „Unruhegeher“. Gehen, grübeln, schauen! Nicht immer gefiel ihm, was er sah. Da gab es an verschiedenen Stellen diverse Verwilderungen um Brück herum, das musste doch zu ändern sein? Das Brücker „Plänchen“ und der dazugehörende Wanderweg, ehemals von Lehniner Mönchen angelegt, suchte er sich aus. Er überlegte und legte, ohne jemanden zu fragen, Hand an.
Endlich hatte er eine sinnvolle Beschäftigung gefunden.

Mit Harke, Schaufel, Besen und Hacke rückte er täglich dem Wildwuchs zu Leibe, schippte die in den Jahren entstandenen Löcher zu, schredderte herumliegende Äste. So eroberte er jede Woche ein bisschen mehr den hübschen Wanderweg am Brücker Plänchen zurück.
Unter seinen fleißigen Händen verschwand alles Ungepflegte.
Schon monatelang werkelte er im „Niemandsland“, ehe die ersten Brücker bemerkten, dass sich am Plänchen etwas veränderte. Nun begannen Interessierte, ihm überzählige Pflanzen aus ihren Gärten abzugeben. Büsche und Bäume, Blumen, darunter Veilchen, Rosen und Wasserlilien, konnte er setzen. Bald wuchsen auch wieder Farne und Kräuter am Weg und am Ufer des Bächleins. Den Waldtieren ließ

er ihre angestammten Pfade über den Bach und erleichtert ihnen ihre Wege. Schon bald gab es Lob für den energiegeladenen „Ruheständler."
Aber noch immer floss im Plänchen kein Wasser. In all den Jahren hatten spielende Kinder die Sohle des Baches zerstört, so dass alles Nass versickerte. Die Seiten des Bachbettes waren verkrautet. Aber ärgern brachte keine Lösung, da waren Arbeitsgeräte schon nützlicher. Und wieder griff unser „Ruheständler" ganz allein zu Hacke und Schaufel. In monatelanger Schwerstarbeit säuberte er das defekte Bachbett, reparierte Bachsole und Bachrand, bedachte und berechnete das Wassergefälle, welches zum Fließen nötig sein würde, setzte Steine als Gefälleregulierer ein und das alles kilometerweit.
Höhepunkt seiner fleißigen Arbeit war, als er eines Tages die Schleusen öffnen und das Wasser der großen Plane wieder ins Plänchen einleiten konnte.
Es war zwar nicht so viel wie früher, aber immerhin, es floss! Durch die jahrelange Freizeitarbeit eines Einzelnen war die Gegend um das Brücker Bächlein herum wieder ein schönes, begehbares Naherholungs- und Wandergebiet geworden.

Schon Jahre zuvor hatten sich die Brücker Abgeordneten die Köpfe zerbrochen, wie diese Gegend wieder nutzbar zu machen sei. Da ihnen selber keine Lösung einfiel, bekam ein Planungsbüro den Auftrag. Der Entwurf kostete damals viele tausend Mark, so dass zu seiner Umsetzung nichts mehr übrig blieb. So träumte der schöne, teure Plan von besseren Zeiten in einer Archivschublade der Stadt vor sich hin.
Aber davon wusste unser Herr „Vorruheständler" nichts. Er hatte sozusagen in „Plan-Unkenntnis" dieses Land wie ein kleiner Herrscher einfach in seine Verantwortung genommen und die verwilderte Gegend durch seinen Tatendrang als „sein Reich" erobert. Brückenbau und Beschilderung folgten der Urbarmachung schon mit Hilfe anderer. Wie bei einer wirklichen Eroberung, trug auch der „Ruheständler" so manche kleinere und größere seelische und körperliche Wunde davon. Immer wieder musste er sich mit jungen „Raubrittern" auseinander setzen, die einfach Spaß daran hatten, seine Arbeit zu vernichten. Das ärgerte ihn zwar, aber unverdrossen baute er immer wieder auf, was sie zerstörten. Jeder König hat eben auch seine Widersacher!

„Am Plänchen", Hans Neupauer

Große Freude dagegen bereitete es ihm, fremde Wandersleute in seinem „Reich“ zu begrüßen. Berliner Besucher nannten ihn in einem in Versen abgefassten Brief sogar den „Planekönig!“ Wir wollen ihn „Freizeitkönig“ nennen. Wie die guten Könige im Märchen hatte er Kraft und freie Zeit zum Wohle aller Mitmenschen eingesetzt. Dafür wurde er zum Ehrenbürger seiner Stadt ernannt. Bald halfen ihm „junge, gute Ritter“ in seinem nimmermüden Kampf gegen die neuerliche Verwilderung; auch als er krank wurde, unterstützten sie ihn. Ein Bürgerverein wurde gegründet und setzte Kräfte ein.
Die Stadtväter holten den fast vergessenen Plan hervor, und gemeinsam wurde er abgearbeitet. Wetterhütten wurden gebaut, Brücken erneuert, gefährliche Stellen gesichert. Ein beschilderter „Natur-Lehrpfad“ entstand, auf den auch jeder andere Ort stolz sein würde. So hatte die Tatkraft eines Einzelnen die guten Kräfte der Stadt mobilisiert. Zum Kreiserntefest 1999, das man in Brück feiert, wurde er zum Ehrenbürger unserer Stadt ernannt
Unser „Freizeitkönig“ konnte stolz sein! Das Allerschönste aber ist, dass die neuen „Freizeitkönige“ ihre Kräfte auch weiter für Brück und seine Bewohner einsetzen wollen.

P.S.
Die Realisten unter uns fragen nun: „Warum soll das ein Märchen sein? Es ist doch die Wirklichkeit!“
Sie haben Recht, unseren „Freizeitkönig“ Siegfried Tangnatz gibt es tatsächlich in Brück.
Die Romantiker aber werden mich verstehen, so einen nimmermüden Einsatz für die Menschen seines Ortes kann es eigentlich nur im Märchen geben.

„Nutzt Eure Zeit“

Wenn ich durch die Straßen geh,
Arm in Arm ein altes Pärchen seh,
ist mir, als läge die Zeit
ihrer Jugend noch gar nicht so weit.

Gedanken kommen zu mir und verweilen:
Wie doch die Jahre so schnell enteilen,
denn für all unser Wirken hiernieden
ist uns nur kurze Zeit beschieden.

Wer sie nutzt, kann es wagen,
blickt in späteren Jahren
auf sein Leben zurück.
War da Not? Gab es Glück?

Ja, es gibt Kummer und Not in den Jahren,
doch immer können es Pärchen erfahren.
Wenn der größte Schmerz schwindet,
macht er stark und verbindet.

Schaut nach vorn, nicht zurück,
was Euch bleibt, ist das Glück!
Das Glück sich zu haben, sich täglich zu tragen,
in dem, was geschieht.

Drum, wenn ich durch die Straßen geh,
Arm in Arm ein altes Pärchen seh,
sind die Wünsche für alle nicht weit:
„Nutzt Eure Zeit!“

Ein loser Krimi

(Was ist los?)

Schon unendlich lange war er rastlos und ziellos durch seine Stadt gelaufen. Nun war er müde und völlig atemlos. Ihm schien seine Lage hoffnungslos, denn man hatte ihn erkannt.

Irgendwann setzte er sich kraftlos auf eine Bank am Wegesrand und stierte blicklos vor sich hin. Was sollte er nun tun? Energielos aufgeben? Mutlosigkeit wollte ihn überfallen. Wie hatte das alles so weit kommen können? Er war mutterlos aufgewachsen, konnte sich an seine früheste Kindheit nicht mehr erinnern. So war er, bei seinem Vater geschwisterlos lebend, ganz gut mit diesem klar gekommen, bis man auch ihn, nach einem Verkehrsunfall leblos ins Krankenhaus gebracht hatte.

Freudlos war seine Jugendzeit schier endlose Jahre in einem Kinderheim verlaufen, in das man den Elternlosen gebracht hatte.

Zu großen Teilen wuchs er dort lieb- und beziehungslos auf. Die Lehrer meinten es sei ein fruchtloses Unterfangen, ihm etwas beibringen zu wollen. Er konnte mit sich und der Welt nichts mehr anfangen, fühlte sich auch zu keinem Hobby, zu keinem Beruf wirklich hingezogen. Seine Entlassung, mit 18 Jahren aus dem Heim gestaltete sich für ihn recht schmerzlos. Lustlos zu jeder Arbeit trieb er sich fast mittellos herum. Eigentlich zählte er ja zu den wirtschaftlich anspruchslosen Menschen dieser Welt. Die noch vorhandenen Einnahmen reichten zu fast nichts mehr. Seine Lage schien ausweglos.

Nach sinnlos verbrachter Zeit, fand er dann, wie er meinte, fast problemlos eine Möglichkeit seine Lage gut zu verbessern. Unerkannt, weil verkleidet, wollte er den schon etwas älteren Juwelier des Ortes, problemlos um einen Teil seines Schmuckes erleichtern. Gewaltlos musste er vorgehen, denn Gewalt hasste er.

So weit in seiner Planung gekommen, fühlte er sich schwerelos, bald würde es ihm finanziell gut gehen. Er war sich sicher, dass er vorher nicht einmal eine schlaflose Nacht haben würde, wegen seines eigentlich gewissenlosen Vorhabens. Es kümmerte ihn nicht wirklich, Unrecht zu tun. Es sollte ihm endlich besser gehen! Ruhig verkleidete er sich als Frau und maskierte sich dann noch zusätzlich kurz vor dem Laden.

Anstandslos und scheinbar hilflos hatte der Chef des Ladens ihm das Geld und die Preziosen in die aufgehaltene Tasche geschüttet. Aber dann, klammheimlich hatte er lautlos eine Klingel unter dem Tisch betätigt. So eine Respektlosigkeit!
Nun war ihm nichts anderes übrig geblieben, als schnell zu handeln.
Er hasste zwar Gewalt, aber er musste sich retten.
Heftig schlug er zu, dann sah er den Juwelier lautlos und völlig haltlos hintenüber auf einen Tisch aufschlagen. Blut war geflossen, soviel bekam er noch mit. Operationslos würde es für den alten Man wohl nicht abgehen. ER würde doch nicht sterben? Dann war er vielleicht jetzt schon ein Mörder?
Mist! Alles ging schief.
Er hatte eigentlich nur eine geruchlose Gaspistole zum Einsatz bringen wollen.
Planlos, weil in Panik, hatte er sich die Maske vom Gesicht gerissen und war nur noch kopflos davon gerannt. Auf der Straße standen Leute, die ihn jedoch kampflos vorbeirasen ließen. Sicherlich hatte man ihn, trotz Verkleidung, erkannt. Würde er nun, zu allem anderen auch noch fliehen und heimatlos werden müssen? Die Zukunft schien ihm trostlos. Als Gesetzloser mutlos den Rest seines Lebens verbringen müsse gefiel ihm gar nicht!
Oder sollte er sich stellen? So schnell konnte man zu einem Ehrlosen werden.
Langsam schaute er auf und mit genau diesem verzweifelten Blick in viele Augenpaare und in eine Kamera.

„Ende, aus, gut gemacht!“
„Klappe die zweite, keine Wiederholung!“

Nun erst konnte er aufatmen, man war mit ihm zufrieden. Sein endloses Laufen und die aufgezwungenen Gedanken dabei, waren nicht erfolglos gewesen. Obwohl es schon ein bisschen traurig war, als erste Rolle so etwas Geschmackloses spielen zu müssen, pietätlos nahezu. Trotzdem war er stolz und froh, als Neuling seine Sache kritiklos und gut über die Bühne gebracht zu haben, ein phantasieloserer Schauspieler-Kollege hätte dabei sicher mehr Probleme gehabt.

Ein tolles Honorar hatte er zu erwarten, keine brotlose Kunst also, die Schauspielerei, wenn man dann eine Rolle bekam und diese gut verkörpern konnte!
(Wie sehr leicht zu erkennen ging es hier nur um die Silbe „los")

Hinterlistige Gedanken

(nur eine unbestätigte Hausfrauenrechnung)

Es sind die vielfältigsten und merkwürdigsten Orte der Welt, wo der Mensch im Laufe seines Lebens seinen „Nachlass" deponiert.
Hinterlassenschaften, mit denen sich, nach unserem Aufenthalt, je nach Alter, unsere Mütter, Tanten, Erzieher, Hauswirte aber auch Güllefahrer oder die Angestellten der Kanalisationen beschäftigen müssen.
In einem ganzen Leben auch eine nicht zu unterschätzende Zeit.
Ein Mensch, ca. siebzig Jahre Leben zugrunde gelegt, kommt ungefähr auf:
70 Jahre x 365 Tage = 25.550 mal 10 Min. Zeit pro Tag = 255.000 Min., also 4258,33 Stunden = 177,43 Tage.
In unserem Leben verbringen wir demnach ca 177 Tage, ja sogar auch gerne mehr als das Doppelte, mit Tätigkeiten, über die kein Mensch auch nur ein Wort verliert, wenn wir nicht gerade im Krankenhaus liegen. Es hat mir Spaß gemacht, diese unbedeutende Lücke, mit dieser kleinen Betrachtung zu füllen.
Die normalen „Örtlichkeiten" die uns dafür zur Benutzung zur Verfügung stehen, ähneln sich zum Verwechseln.
Da gibt es zwar für die gehobenen Ansprüche sogenannte „Luxusausführungen" jedoch der „Otto Normalverbraucher" ist mit „Standard" gut bedient und auch zufrieden. Diese finden wir zu Hauf in den Wohnungen, Hotels und Pensionen unseres Lebens.
Aber, (und das sage ich mit einem Schmunzeln,) es gibt, wie bei allen Dingen im Leben Ausnahmen. Die erste, die mir davon in Erinnerung blieb, lag im trauten Thüringen und trug in schönsten Lettern den stolzen Namen „Pinkelwinkel".

Es war ein sogenanntes „Plumsklo“ vor dem Misthaufen oder in einem stillen Hofeckchen, noch aus einem vorigen Jahrhundert stammend.
In alten Zeiten waren sie „Fortschritt“, einfach aber funktionell.
Aus gehobelten Brettern gefertigt, mit einem ausgeschnittenen Herzen in der Tür und einer Sitzbank mit Loch. Im Inneren lagen weichgerubbelte Papierstücke, für die hinterlistigen Zwecke.
Ähnliche hatte meine Familie nach dem 2. Weltkrieg täglich in Treuenbrietzen benutzt, leider ohne den schönen „Schmunzelnamen“.
Was glaubt Ihr, wie oft in solchen offenen „Stillen Örtchen“ etwas aus Taschen oder Händen hineinfiel?
Manches musste man aber unbedingt wiederhaben. Was nun tun?
Mit Feuerhacken oder Stock versuchten die „Verlierer“ in der ekligen Masse ihr Glück.
Unser erster Bulgarienbesuch bescherte uns dann die Neueinführung in ein „Hängepoklo“. Ein flache Metalkonstruktion, mit zwei seitlichen Rastern für die Füße und in der Mitte einem Loch, über das man sein Körperende hängen musste.
(Solange alles frisch geputzt war, annehmbar. Andere Länder, andere Sitten.)
Auf Flughäfen und an Stränden bitte, wegen der Schmutzanfälligkeit, lieber nicht, und genau dort erlebten wir sie oft.
Es gibt ja ähnliche Varianten bei alten Bussen. Die halten bei Bedarf am Wald oder Busch, es geht auch hier auf zum „Hängepoklo“ und die Devise lautet: „Frauen links, Männer rechts oder eben umgekehrt.“
(Da macht es wenigstens nichts aus etwas zu verlieren, aufgehoben, fertig!)
Es soll auch Leute geben, die sich bei ihrem ersten Flug Gedanken machen, wo denn „gewisse Dinge“ bleiben. Inzwischen weiß man aber allgemein von „Chemietoiletten“. (Wenn das noch meine Mutter wüsste!)
Die „Dixiklos“ an Rast und Baustellen, auf Rennbahnen und Oktoberwiesen, sowie an jedem besseren Trödelmarkt sind inzwischen nicht mehr wegzudenken.
Wie würde da sonst, nach Stunden die Umgebung aussehen? (Hygeneinstitutionen hätten ihre helle Freude!)
Ein, im Grunde genommen trauriges „Highleid“ meiner persönlichen Erfahrungen, lag weit von hier entfernt.

In Afrika, speziell in einem Kaftanladen, war ich dem Verkäufer sehr dankbar, mich an seiner „Institution“ teilhaben zu lassen. Dienstbeflissen und überaus freundlich geleitete mich der Verkäufer selbst. Im hinteren Laden, verhangen mit hunderten von langen Kleidern, ein ehemals gefliester türloser Raum. Irgendwann, vor Jahrzehnten einmal neu und gestrichen. Nun nur noch ein Schatten seiner selbst. Ein verrostetes und stark defektes Miniwaschbecken sah ich als erstes. Ein zerbeulter, verrosteter Metalleimer stand darunter und hatte einen Rest Wasser in sich, am Rande ein alter defekter Plastebecher, um zu schöpfen. Keinerlei Papier im spärlichen Raum (hoch lebe die Zellstofftaschentücherindustrie!) Zum Glück gab es auch die spärlichen angeschlagenen Reste eines WC. Kaum zu glauben, obwohl alles traurige Fragmente einer Toilette waren, war ich dennoch sehr froh es benutzen zu dürfen und gab dem netten Verkäufer einen reichlichen „Bakschisch“.

Hunger auf Frühling

Im Frühling hab' ich Hunger auf Sonnenschein und Meer.
Ich ziehe leichte Sachen an und schaue ringsumher.

Da blühen endlich Blumen, wo grad' noch alles grau.
Und alle Knospen brechen auf an Bäumen in der Au.

Da sing ich um die Wette mit allem was da lebt,
die Sonne lacht mich freundlich an, wenn sie dort oben schwebt.

Der kalte Winter ist vorbei, er bleibt Erinn'rung nur,
mein Auge isst und trinkt sich satt, am Werden der Natur.

Menschen im Herbst

Zur Kinderzeit ruft man: „Der Herbst der ist da,
ich baue jetzt Drachen die fliegen, hurra!“

Die Jugend, die findet ihn auch noch toll.
Mit der Liebsten zu kuscheln, ist im Herbst wundervoll!

Mitten im Leben, lässt es sich nicht bestreiten,
offenbart uns der Herbst seine „Arbeits- Seiten“.

Und ist man dann alt, mahnt er uns an die Zeit,
an Tod und Vergehen, es ist beides nicht weit.

Der Herbst ist schön!

Stolz auf hoher Leiter stehn’
rings die bunte Welt besehn,
das ist schön, im Herbst.

Vögel die gen Süden ziehn’
Gedanken die mit ihnen fliehn,
das ist schön, jetzt im Hebst.

Kinder, die Erwachsne flehn,
mit ihnen Drachen steigen gehen’,
das ist schön, jetzt im Herbst.

Den reichen Herbst, wir lieben ihn,
und schwer beladen heimwärts ziehn’
auch das ist schön, jetzt im Herbst.

Der Lehrmeister

Der Herbst, der spinnt uns ein,
weckt Wünsche und Gedanken.
Wer wäre nicht gern frei,
und lebte ohne Schranken?

Der Herbst, er lehrt uns auch,
für so ein freies Leben,
muss man ja Haus und Hof
und unsre Liebsten geben.

Das ist es mir nicht wert,
das ganze „Freiheitsstreben“,
ihm dafür „meine“ Welt
Liebe und Familie geben?

Da bleibe ich wo ich bin!
Seh' nur die Vögel fliegen,
den Regen und den Wind;
und lass mich nicht besiegen.

Ein Lebenskünstler

Wer von den älteren Brückern erinnert sich nicht an unseren Willi, dem Chef vom damaligen „Landwarenhaus“ in Brück?
Wie sagte er oft und gern zu uns: „Es gibt im Leben so Tage, da müsste man gleich nach dem Aufstehen in den Wald gehen, sich still hinter einen dicken Baum setzen und warten, bis es Abend ist“.
Stimmt ohne Zweifel! Solche schlechten Tage, an denen einem nichts gelingt, erleben wir wohl alle zur Genüge. Tage, an denen es uns nicht gut geht und man einfach alles falsch macht.

Dabei hatte aber, der Willi, wie wir ihn kannten, in seinem Leben alles sehr gut „im Griff".
Den zweiten Weltkrieg hatte er überlebt. Aus Italien kommend, war er zu Fuß in die Heimat, nach Brück zurückgelaufen zu seiner Gerda. Nach dem Krieg gründete er, trotz der schlechten Zeiten, eine Familie. Über die Jahre hat er diese nicht nur erhalten, sondern emsig vergrößert und alles für sie getan.
Willis Eltern hatten einen kleinen Kolonialwarenladen in der Silberbrückenstraße, den er weiterführte. Die gleichen Räume baute er sich später als „Altenteilswohnung" aus, da sie bequem auf seinem Grundstück lagen. Selber war er schon als Knabe im Laden tätig. Verkaufen war Willis Welt.
In der DDR wurde ihm die Leitung des „Landwarenhauses" in Brück übertragen. Er führte es ein halbes Leben lang mit großem Erfolg. Alles was der Haushalt so benötigte, gab es dort. Selbst die berühmte „Bück dich Ware" war vorhanden. Was es in der damaligen DDR an entsprechenden Erzeugnissen gab, fand man bei Willi. Deshalb kamen die Menschen von allen umliegenden Orten in „Benkes Warenhaus". Immer fleißig war er obendrein ein Organisationstalent, deshalb wurde er als Ehrenbürger in's Brücker Buch eingetragen.
Mit dem Alter aber kamen die Krankheiten. Nach einem Schlaganfall zog er den etwas ruhigeren Posten als Tankstellenleiter in Brück-Rottstock vor. Verkaufte seither Benzin und anderes.
Auch im Privatleben, lag seine Betonung des Wortes auf „Leben", mit allem was bei einem aktiven, lebenslustigen Menschen eben so dazu gehört, wenn auch gewiss einige Menschen meinten, manchmal wäre es zuviel des Guten.
Willi war, beruflich und auch privat, ein sehr guter Erzähler, Zuhörer und Ratgeber. Wir, in unserer Freundschaft, liebten ihn und seine Gerda, wie wir sie kannten. Unbestritten war Willi auch sonst vielen Menschen ein guter Freund und Kumpel.
Er hatte Lebensweisheiten gespeichert, wie andere sich eben Witze, Namen oder Telefonnummern merken können. Zu jeder Lebenslage wusste Willi einen Spruch.
Was viele aber nicht ahnten, er hatte auch ein Auge und Talent für die schönen Dinge des Lebens. Willi konnte z.B. wunderbar malen. In unserer damaligen Runde hat jeder im Laufe der Jahre, mindestens ein Foto oder Bild, von Willy nachgemalt, bekommen. Wir haben vier

„Benke-Werke", die auch heute noch liebe Erinnerungen an interessante Stunden in seiner Gesellschaft sind.
Im Alter begann er, sich von uns und anderen zurück zu ziehen. Seine freie Zeit widmete er nun Gott, dem er in einer Brandenburger Glaubensgemeinschaft wieder näher gekommen war. Seinen Tod, am 03. Februar 1998 betrauerten, neben seiner Familie, auch sehr viele alteingesessene Bürger. Ging doch mit ihm, den Menschen der Stadt, wieder eine kleine Legende verloren.

Meine Lieblingsnachbarin

Meine erste Arbeitsstelle als Kindergärtnerin, war der Kindergarten Brück I.
Die Einrichtung lag in einem roten, Backsteinhaus in der Ernst-Thälmann-Straße 56,
Links daneben, gab es damals ein einfaches gelbes ehemaliges Tagelöhnerhäuschen mit Hofbereich, Scheune und Garten. Die alte Oma Lechner, war eine nette, fleißige, einfache kleine Frau, die dort mit ihrer Familie lebte. Sie schaute uns gern bei der Arbeit mit den Kindern zu, wenn wir im Garten lernten, spielten oder sangen.

In ihrem eigenen großen Garten gab es, dank ihrer fleißigen Hände, in den wärmeren Jahreszeiten immer etwas zu ernten. Oma Lechner gab so gern etwas davon ab. Mal waren es Äpfel oder Kirschen, die den Weg über den Zaun fanden, manchmal Tomaten, Birnen, Nüsse oder Beeren. Manchmal bestand sie darauf, ein Kräutersträußchen fürs Abendessen von ihr anzunehmen, oder einige ihrer ersten Frühlingskartoffeln zu kosten.
Sie lobte uns Erzieherinnen für unsere Lern- und Spielideen, bemerkte freundlich, wenn wir etwas Neues angezogen hatten. Sie strahlte, wenn wir ihr ein Dankeschönlied mit den Kindern sangen.
Ich glaube, dass sie speziell an mir *„einen Narren gefressen hatte“*, denn oft lud sie mich zu einem Fernsehabend ein. Da ich keine meiner Großmütter gekannt hatte, nahm Oma Lechner kurzzeitig für mich, diese Stellung ein.
Einige Zeit später kam ihr Enkel in unsere Einrichtung.
Da meine bisherige Gruppe in die Schule entlassen worden war, bekam ich die „neuen“ Jüngsten. Auch Oma Lechners Enkel Jürgen war dabei. Er sprach mit seinen drei Jahren noch kein Wort. Bisher von allen Familienmitgliedern verwöhnt, hatte er es nicht nötig sich anzustrengen.
Er zeigte nur auf etwas, schon bekam er es. Bei mir war die bequeme Zeit für ihn vorbei.
Sein Mund war nicht nur zum Essen und Lachen da, das begriff er umgehend. Sehr schnell lernte er, seine Wünsche zu artikulieren.
Auch in 25 nachfolgenden Arbeitsjahren habe ich nie wieder ein Kind erlebt, das so schnell sprechen lernte.
Oma Lechner war selig!
Drei Jahre hatten sie und ihre Familie vergeblich versucht, ihrem Kinde ein paar Worte zu entlocken, und nun so etwas! Meine liebenswerte alte Nachbarin war bis zum Ende ihre Tage der festen Meinung, dass ein Kindergartenaufenthalt Wunder vollbringen könne.

Ostpreußen

Jede Generation hat ihre eigene Heimat!

(Geschrieben nach einem Ostpreußenbesuch in Adomischken.) 2013

Sag mir, was ist Heimat? Wovon bleibt die Spur?
Was wir geliebt, gesehen, ist oft Erinnerung nur!

Denn Heimat, die ist flüchtig, in Metern ist sie klein,
sie könnte, nimmt man es genau, für alle, weltweit sein.

Ja, alles ist vergänglich, alles ändert sich!
Was sich niemals wandelt, gibt es einfach nicht.

Städte, Wälder, Wege formte Menschenhand,
in Jahren nicht gesehen, wird Trautes unbekannt.

Und kehren einst die Enkel zur Heimat hier zurück,
so ist sie ihnen fremd, woanders liegt ihr Glück.

Ja, könnten unsre Ahnen einstmals neu erstehen,
sie würden an Vertrautem wohl fremd vorüber gehen.

Meine Heimat ist wo?

Geboren in Tilsit,
Baltupönen im Sinn,
aus dem Ostpreußenland,
eine Memelländerin.

Vertrieben, geflüchtet,
oft hier und dorthin
Treuenbrietzen, Luckenwalde
also Brandenburgerin?

Doch ich liebe auch Berge
und Wälder und Seen,
Deutschland ist groß
und fast überall schön.

Die Heimat der Ahnen?
ich kenn sie nicht mehr.
Jetzt leb' ich in Brück,
oft ist's leicht, mal auch schwer.

Doch da man mich lässt
möchte ich hier gerne sein,
zwischen Kiefern und Sand,
zwischen Heide und Stein.

Bist mir Heimat geworden,
stolzes Brück, alt und klein,
denn wo Menschen mich lieben,
da will auch ich sein!

Die Leseratte

nicht ganz ernst zu nehmende Gedanken von Monika Stechbart

Oben genannte „Spezies“, ist eine besondere Gattung, Menschen, die gierig alles verschlingen was ihnen an Lesbarem gefällt.
Es existieren davon Männchen wie Weibchen. Diese fügen sich meist still und unspektakulär in alle Alters - und Bevölkerungsschichten ein.
Die „Leseratte“ an sich ist überall zu Hause.
Für den Erhalt der „Leseratte“ benötigt man außer Nahrung, keine besonderen Haltungskosten, solange es in ihrer Nähe irgendetwas zu lesen gibt.
Mir ist diese Gruppe genau bekannt, auch ich gehöre seit meinen Kindertagen dazu. „Leseratten“ sind erfinderisch. Sperrt man ihnen Sonnen- und Lampenlicht, benutzen sie einfach Taschenlampen oder das Licht vom Haus gegenüber, um zu lesen. Ideenreich tarnen sie sich so vor schimpfenden Eltern, nörgelnden Geschwistern oder Ehegatten.
Gelesen wird alles, was geschrieben wurde. Alte Pergamente, Bücher, Klassiker, Zeitschriften, Fachbücher, bis hin zu Kitschromanen, alten, gefundenen oder ausgestellten fremden Briefen, die sie zufällig finden oder Tagebücher verflossenen Lebens. Sie lesen alles, bis sie ihren speziellen Lesegeschmack entwickeln. Im Lesen sind sie unersättlich und haben daher einen enormen Verbrauch. Um diesen zu befriedigen, wurden in allen größeren Orten dieser Welt spezielle Geschäfte, Archive, Kioske und Büchereien eröffnet, um die Bedürfnisse zu stillen.
Gern wird dabei geknabbert! Kanten vom Brot, Obst, Wurst, Saures, irgendein Mittagessen und Süßes in jeder Form wird gedankenlos verzehrt. (Vielleicht kommt daher der Vergleich mit den Ratten?)
Fördert kauen die Leselust?
Macht lesen hungrig?
Kalorienzählen kommt praktisch nicht vor.
„Leseratten“ sind nicht wirklich gesellige Wesen, lieber sind sie in Lesehallen von Universitäten, Archiven und Bibliotheken zu finden. Viele von ihnen studieren jahrelang an Hoch- und Fachschulen, Universitäten u.ä, um spezielles Wissen zu erlangen. Diese „Gebildeten“ sind später, auf Grund ihres Wissens in gehobenen Berufen und

Ehrenämtern zu finden. Auch Bösewichter gibt es unter ihnen! Die Masse der „Leseratten“ jedoch ist harmlos. (Vergessen sie bitte das Schmunzeln nicht!)
Eine Besonderheit der Spezies „Leseratte“ ist es auch, alles, was ihnen an Lesbarem gut gefällt, um sich zu sammeln.
Hierbei geben sie dann oft mehr Geld aus, als sie sollten.
Und somit tragen diese „Spezies“ einiges zum Florieren ihres Staates maßgeblich bei. Nicht nur durch ihre eigene Kauflust und ihren Arbeitseinsatz, sondern auch weil Schriftsteller, Autoren, Redakteure, Journalisten, Lektoren und Gestalter sowie Verkäufer und Abfallbeseitiger durch sie Beschäftigung und damit ihr Auskommen finden.
Festgehalten sollte auch werden: „Leseratten“ sind eine der wenigen Menschenarten dieser Welt, die zur eigenen Verwandlung fähig sind. Sehr oft schlüpfen aus langjährigen „Leseratten“ tatsächlich Autoren oder Schriftsteller. Der Kreislauf zur Befriedigung der Leser wäre somit wieder geschlossen.
Leider, muss der Autor anmerken, dass diese liebenswerte und harmlose Spezies im Aussterben begriffen ist. Obwohl heute mehr als jemals geschrieben wird, hat die Entwicklung gegen Bücher begonnen. Schon heute gibt es junge Leute, die erstaunt fragen: „Warum soll ich Bücher lesen?“ Sie sind nur im Umgang mit Computer und Technik vertraut, Bücher? Wozu noch Zeit damit verschwenden? Schade, Schade, Schade.

Leseratte Monika

Wer kennt nicht jene Menschen, die der Volksmund fast zärtlich Leseratten nennt? Ich bin schon seit Kindertagen ein solcher „Bücherverschlinger“. Leseratten gehören zu der Sorte Menschen, die sich mit Begeisterung in jeden Lesestoff verbeißen. Selten lässt einen von ihnen diese Angewohnheit wieder los. Ich weiß nicht mehr genau, wie ich zum Lesen kam, es scheint bereits mein ganzes Leben zu mir zu gehören.

Unersättlich alles Lesbare verschlingend, jede freie Zeit nutzend, betreibe ich das Lesen andauernd, was ich nach mehr als siebzig Lebensjahren sicher behaupten darf. Was ich anfangs las, hing nicht von mir ab. Ich las, was ich fand, und oft war ich nicht am Aussuchen beteiligt. Es war Nachkriegszeit, und was es zu lesen gab, in Wartezimmern, Bibliotheken, bei Freunden, Verwandten und in der Schule war nicht immer kindgerecht. Ich las es dennoch: Kitschromane schlichen sich in meine Seele genauso ein wie Goethes „Erlkönig“, Schillers „Die Glocke“ und Fontanes „John Maynard“. Gedichte liebte ich schon bald besonders.

Mein Interesse wechselte in den folgenden Jahren zur Fachliteratur, die ich für die berufliche Ausbildung benötigte. Später wurden Romane meine Favoriten, die Werke meiner Lieblingsschriftsteller Robert Merle, Erwin Strittmatter, Lion Feuchtwanger zu begehrten Lesestoffen. Zeitschriften las ich nur selten, darin interessierten mich lediglich heimatgeschichtliche Beiträge.

Mein kindliches „Leserattendasein“ brachte es mit sich, dass ich, heute muss ich sagen leider, nie zu den körperlich besonders aktiven Menschen zählte. Hobbys wie Skilaufen, Turnen, Schwimmen gab es für mich nicht. Da sind echte Ratten doch viel beweglicher, als ich es je war! Singen und Malen hatten es leichter mit mir, waren sie doch dem Lesen verwandt. Wozu so viel lesen gut sein kann?

Ich weiß, dass es in einigen Berufen unabdingbar ist, mittels vielfältigen Lesens auf dem neuesten Stand zu bleiben, aber bei mir? Viele Leseratten lesen einfach zu ihrem Vergnügen, so auch ich fast mein Leben lang. Dennoch fing ich, inzwischen schon Rentnerin, eines Tages an, selber Gedanken aufs Papier zu bringen. Meine Aufzeichnungen wurden gedruckt. Zum ersten Mal hatte ich ein eigenes Buch

in den Händen, das war schon was!! Wer wenig oder gar nicht liest, kann das kaum verstehen, aber: SCHREIBEN KOMMT VOM LESEN! Tage, an denen wieder etwas von mir Geschriebenes erscheint, gehören zu den Höhepunkten meines Lebens, sind etwa vergleichbar dem Gefühl, ein Kind zu bekommen. Aber: Ein Kind bekommt man und kümmert sich ein Leben lang liebevoll darum.
Entsteht ein neues Buch, ist vorab ein langer, liebevoller Schaffensprozess nötig, ehe es geboren werden kann.
Wie schade: Meine Eltern haben nicht mehr erleben können, dass sich der „ unnütze Stromverbrauch“, die „roten Nachtleseaugen“ und das „Sitzfleisch“ aus Kindertagen für mich gelohnt haben.

Gedanken zu Mutter-Heimat und Vater-Land

Aus Österreich kommend, lebt unsere Familie nachweislich seit hunderten von Jahren in Deutschland/Ostpreußen. Jedoch die eigentliche engere Heimat haben meine Vorfahren und ich mehrfach verlassen müssen. Heimat und Vaterland sind also nicht zwingend identisch.
Meine Urahnen wurden im 17. Jahrhundert aus Radtstadt-Niederfritz im Salzburger Land vertrieben. Zwanzigtausend evangelische Christen, die ihren Glauben nicht wechseln wollten, verließen zur gleichen Zeit Haus, Hof und zu großen Teilen sogar die Familie. Sie gingen zu Fuß in die Fremde. Da man damals zu Fuß, oder maximal, als Wohlhabender, mit dem Pferdewagen auf die Reise ging, sind sie im wahrsten Sinne des Wortes ausgewandert.
Einige noch mit Schiffen bis Amerika, meine Vorfahren jedoch nach Ostpreußen. Nahe der litauischen Grenze, im Memelland, genauer gesagt, in Adomischken, wo sie Land vom damaligen deutschen Kaiser bekamen, ließen sie sich nieder. Sie durften leben und glauben, wie und was sie wollten. Der deutsche Kaiser hatte viel fruchtbares

Land im Osten brach liegen und keine Menschen, die es bebauten. So war vorerst beiden Teilen geholfen.
Im ersten Weltkrieg dann verschleppten Soldaten meine Großmutter mit Familie ins Wolgagebiet. Im tiefsten Russland, in Saratow mussten sie von nun an leben. Heimat wurde es ihnen nie, aber sie hatten eine Möglichkeit des Überlebens gefunden. Erst 1920 durften sie wieder in ihre wirkliche Heimat Ostpreußen zurück. Dort aber gab es nach dem Kriege schwere Zeiten. Kaum bewältigt, überzog wieder ein Krieg Deutschland.
Nach dem verlorenen zweiten Weltkrieg beschlossen die Alliierten die Auflösung des deutschen Ostpreußens, auf das so viele Länder Ansprüche erhoben. Endgültig wurde festgelegt, alle Deutschen hätten die, in den Generationen der Familien nunmehr seit zweihundert Jahren vertraute, Heimat, für immer zu verlassen.
Durch verschiedene Umstände landete meine Familie in Treuenbrietzen. Mir wurde es zur Heimat, da ich dort friedlich im Familienkreis, mit Freunden und im mir schon bald vertrauten Ort aufwachsen durfte. Als Erwachsene wiederum wechselte schon wieder einmal meine Heimat, jedenfalls ein wenig. Durch Arbeit und Heirat wohne und lebe ich nun in Brück. Mit der „Wende“, die wohl jedem ein Begriff ist, wechselte auf jeden Fall emotional, schon wieder unsere Heimat. Von Deutschland Ost in Deutschland West, verließen wir gedanklich bekanntes Land. Das war für alle hier lebenden Menschen ein nicht zu unterschätzende Heimatwechsel, obwohl jeder in seinem Ort bleiben konnte, wenn er wollte, änderte sich alles.
So kam es, durch Fremdeinwirkung immer wieder zu einem Wechsel unserer „Familienheimat" obwohl wir in Deutschland blieben.
Aus Interesse, und um für mein Ostpreußenbuch zu recherchieren, besuchte ich auch die Heimat der Ahnen. Ich stand, zwar berührt, aber in Unkenntnis aller familienwichtigen Details quasi auf fremdem, freiem Land, ohne zu wissen, was einmal wo gewesen war. Traurig ist so etwas und vielen „Wurzelsuchern“ geht es ebenso. Andere wiederum haben es besser, sie finden noch, was ihr Herz bewegte. Für mich sind leider alle Dinge, mit deren Hilfe meine Großmutter und Mutter ihr tägliches Leben gestaltete, verloren.
Mein Vaterland haben meine Familie und ich letztlich behalten dürfen, die Heimat, zum wiederholten Male, nicht.

Guter Rat ist teuer

Der Hans und seine Geige. In meinen Gedanken als altes Brücker Chormitglied, sind diese beiden ohne einander nicht denkbar. Hier erzählt mir Hans seine und ihre Geschichte.

Entrechtet, interniert, ausgewiesen –
Neuanfang 1946/47

Eine stampfende Lokomotive, in Viehwagons gepferchte 400 ausgewiesene deutsche Menschen Richtung Zone unterwegs.
Sie durchquerten in den Bergen, bei Bad Brambach, die tschechisch-deutsche Grenze. Niemand weiß, wohin die Fahrt geht, wo sie enden wird. Heute wissen wir, dass es Treuenbrietzen/Selterhof war, wohin der Transport geführt wurde. Hans erzählt weiter.
Im Lager, nach meiner Schulbildung befragt, konnte ich vier Jahre Realgymnasium und zwei Jahre Lehrerakademie in Pressburg (heute Bratislava) angeben, jedoch als rechtloser Deutscher besaß ich keine Zeugnisse. Der damalige Schulrat, Herr Krause empfahl mir an der regelmäßigen Weiterbildung in Brück teilzunehmen, um später die erste Lehrerprüfung ablegen zu können. Ich war sehr froh, doch noch meine Ausbildung beenden zu können, wenn auch im Moment finanzielle Opfer gebracht werden mussten.
1947 erhielt ich in Rottstock meine erste Lehrerstelle.
65 Schüler der 3. und 4. Klasse, vorwiegend aus Oberschlesien kommend, waren meine ersten fleißigen Schüler.
Alle Lehrer unterliefen hin und wieder einer Leistungs-Kontrolle, so auch ich. In Deutsch-Rechtschreibung, Mathematik-Kopfrechnen sowie Heimatkunde und Musik wollte man meinen Unterricht sehen.
Die Auswertung verlief sehr sachlich, mit wertvollen Hinweisen. Gesangstunden bekämen einen höheren emotionalen Wert mit einem Instrument.
Da war guter Rat teuer, woher in solchen Zeiten eine Violine nehmen?
Die „Hamsterfrauen“ die zu uns auf's Land kamen, tauschten damals fast alles. Schon nach einer Woche bot mir eine Frau aus Berlin eine Geige, im Kasten, gegen Spargel und Kartoffeln an. Durch meine Schwester, die bei einem Bauern arbeitete, wurde beides besorgt und

so konnte getauscht werden. Wir hatten zwar selber kaum satt zu essen. Lebensmittel waren in diesen Zeiten das Wertvollste was es gab, denn der Hunger war groß, aber das Instrument war für mich nun wichtiger. „Meine“ Violine war auf einer Schutthalde gefunden worden, was für Zeiten! Im Inneren der Geige entdeckte ich ein Papier auf dem in Lateinischer Schrift stand:
„ANTONIUS STRADIVARIUS CREMONENSIS fraa'ebat Anno1721“

Es machte mich stolz und froh, solch wertvolles Instrument mein Eigen nennen zu können.
Bald danach, einige Prüfungen später, wurde ich Lehramtsanwärter, endlich auch mit einem deutschen Zeugnis in den Händen. Meine Familie und ich waren zu Tränen gerührt, endlich lief unser Leben auf einem sicheren Weg. Als ganz besonderen Höhepunkt erinnere ich mich an den zu meinen Ehren aufgetischten Kaninchenbraten.
Meine Violine hat mich bis zum 87. Jahr als Musik und Chorlehrer begleitet. Ihre zarten Töne halfen vielen Sängern die Tonlage anzugeben und zu festigen. Unzählige Erwachsene und Kinderstimmen folgten den Tönen der Geige, wenn es galt ein Lied zu singen und das in mehr als 40 Jahren.

Hans Neupauer / Diplomlehrer

Etwas aus der alten Familiengeschichte

1702 gibt es einen ersten registrierten Vorfahren, Thomas Faesel, der im Jahr 1732 aus dem Ort Radstadt-Niederfritz im Salzburger Land, mit 20.000 anderen evangelischen Landsleuten, gezwungen wird, auszuwandern. Sein Weg führt ihn nach Ostpreußen.
Nach mehreren Generationen dazwischen wurde mein Urgroßvater Matthias Faesel am 3. Juli 1839 in Milluhnen/Ostpreußen geboren.
Mit 14 Jahren, nach dem Tod seiner Eltern kam er zu Verwandten und wurde Schmied. Später ging er, was damals üblich war, auf Wanderschaft.
Zurück in Ostpreußen, war er als Gutsschmied in Wilkischken beschäftigt.
Zum Schmied und zum Barbier ging man damals im 18. Jahrhundert auch, mit Zahnschmerzen oder kranken Tieren.
Hierbei soll Urahn Matthias sehr gefragt gewesen sein. Nach der Hochzeit mit Henriette Schulze ca. 1871, aus Wartulischken/ Wilkischken kaufte er ein Grundstück in Adomischken (wo auch noch meine Mutter bis zu ihrem 30. Lebensjahr auf dem elterlichen Bauernhof lebte).

Urgroßvater Faesel tanzte sehr gern und scheinbar auch gut. Alle mochten ihn und luden ihn gern als flotter Tänzer zu ihren Festen ein. Seine Frau Henriette aber war überhaupt nicht für Vergnügungen. Sie war sehr streng und gläubig.
So kam es, das, wenn bei Bekannten gefeiert und getanzt wurde, man meinen Urgroßvater allein dazu rief.
Damit seine Frau nicht misstrauisch wurde, gab es dort eben eine kranke Kuh. Urgroßvater Mathias ging, wie er war, meist in Holzpantoffeln zu den Festen und tanzte, weil die Pantoffeln ja nicht rutschten, auf seinen Strümpfen.
Henriette zu Hause meinte dann wohl, dass die Strumpfwolle in der neuen Zeit auch nichts mehr taugte und die Kuhkrankheiten sehr zugenommen hätten.

Das Fünfte Kind ihrer sieben Nachfahren war meine Großmutter Emma, Emilie Faesel, geboren am 6. Mai 1877 in Adomischken. Sie war eine kleine, lustige Frau, die sich schon bald in Emil Johannes Gehlhaar verliebte.
Im Dezember 1903 war Hochzeit.
Viel weiß ich nicht von Oma Emma, aber das Wenige, von meiner Mutter Überlieferte reicht, um einschätzen zu können, dass sie für die Zeit damals eine sehr couragierte Person gewesen sein muss.
Als frisch verheiratete Frau brachte sie ihrem Mann Essen auf das Feld. Um den Weg abzukürzen, lief sie über andere Felder und sprang über kleine Gräben. Sie strauchelte und verlor ihr erstes Kind, auf das sich beide so gefreut hatten.
Später sprang sie dann schwanger, wohl öfter absichtlich über manchen Graben, erzählte Mutti. Aber es war immer umsonst. Opa Emil war oft auch jenseits der Grenze in Litauen als Ofensetzer beschäftigt. Er war also, schon damals, so etwas wie ein Gastarbeiter, oder auf Montage.

Ca. 150 Jahre war das Leben in Ostpreußen friedlich verlaufen.
Der erste Weltkrieg beendete die Idylle. Auch Emil Geelhaar wurde als Soldat eingezogen.
Er war jedenfalls nicht da, als seine schwangere Frau mit all ihren 7 Kindern und ihren Eltern nach Russland, konkret Saratow, als Zwangsarbeiter verschleppt wurde.
Es muss ein Schock für den Mann gewesen sein, nach Hause zu kommen und niemanden mehr vorzufinden. Oma war inzwischen, mit all ihren Lieben, da sie gut kochen konnte, in Saratow auf einem großen Gut gelandet. Sie bekam für ihre Arbeit zwar kein Geld, aber sie hatten zu Essen und Oma und 4 ihrer Kinder überlebten.
Das Essen fiel von der Gutsküche ab.
Für die Gäste des Hauses, oft waren es Studenten, strickte sie ungefähr 4 Meter lange und 40 cm breite Schals.
(Die wickelten sich die Besitzer vielfach um Hals und Oberkörper gegen die Kälte.)

Entweder wurden diese Strickwaren mit Geld bezahlt oder auch mit Lebensmittel, Wolle Kleidung und Ähnlichem. So überlebten Großmutter, ihre Kinder und vorerst auch die Eltern.
Das Geld wurde in den fünf Jahren, die ihre Zeit in Russland dauern sollte, sorgsam aufgehoben.
„Damit fahren wir alle einmal nach Hause!“, war die Devise.
Die Eltern meiner Oma, der besagte Matthias, 76 J. und seine Frau Henriette sollten die Heimfahrt jedoch nicht mehr erleben.
Was immer ihnen zugestoßen sein mag, sie starben beide im Jahr 1915, Auch drei Söhne meiner Großmutter, Emil, Bruno, und Herbert (letzterer kam erst in Saratov auf die Welt) überlebten das Jahr 1915 in Saratow nicht, was auf eine Epidemie, Seuche, Grippe oder ähnliches schließen lässt.
Gertrud, Meta, Adolf und meine Mutti Frieda durften (besagte 5 Jahre später), wieder nach Hause, weil sie ihre eigene Ausreise bezahlen konnten. Dank der Umsicht ihrer Mutter Henriette war das Geld da, und es ging der sehnsüchtig vermissten Heimat entgegen.
In der Heimat jedoch saß eine neue Frau im Haus!
Trotz vieler Kartengrüße hatte Opa wohl die Einsamkeit nicht so gut verkraftet. Mutti erzählte immer, ihre Mutter hätte kein Wort gesprochen, wäre über den Hof zur Scheune gegangen, hätte einen Reisigbesen geholt und einfach die neue Frau aus dem Hause hinaus gekehrt.
Auch hier also, eine beherzte und couragierte Frau.
Es gab deshalb niemals Krach!
Sie verstand wohl ihren Mann, aber er musste auch sie verstehen.
Hier gehörten sie und die Kinder her, Punkt.
Alle hatten genug gelitten.
Die Versöhnung muß wohl komplett gelungen sein, denn später wurde noch ein weiterer Sohn, Benno, geboren, verwöhnter Liebling aller Familienmitglieder. Aber sie hatten kein Glück mehr mit kleinen Kindern. Als Benno sieben Jahre alt war, ertrank er beim Baden in der Jura, einem Abzweig- Flüsschen der Memel.

In Saratov hatte es für die deutschen Kinder natürlich keine Schule gegeben, und so wurde meine Mutter erst mit elf Jahren in Deutschland eingeschult. Mit 15 Jahren fertig,war es nicht gerade eine umfassende Ausbildung.

In der Einsamkeit der weit verzweigt liegenden Gehöfte in Ostpreußen war Unterhaltung rar. Wie in vielen Familien wurde Hausmusik betrieben. Mutti spielte gut, aber natürlich laienhaft, mehrere Instrumente, ihre Geschwister ebenfalls.

Da Mutti eine besonders schöne Stimme hatte, sang sie im Chor des Nachbarorts mit. War der Vater wütend auf sie, durfte sie nicht fahren. Dennoch konnte sie, bei den Auftritten, ihre Stimme genau so gut oder besser als die Anderen. Eine andere Freizeitbeschäftigung war das Baden in der Memel, oder an den Wochenende an der „Kurische Nehrung".

Meistens wurde jedoch zu Hause in der eigenen Landwirtschaft geschuftet. Es gab kein Geld dafür. Die Nachwirkungen des Krieges waren verheerend für die ostpreußischen Bauern. Tenor dieser Zeit war: Weiter überleben.

Jede Hand wurde gebraucht. „Eine Frau muss gut und fleißig auf dem Felde arbeiten können. Wer nur zu Hause kocht und putzt, taugt nicht

als Bauersfrau." Kochen, Putzen, Kinder bekommen und erziehen, das lief gefälligst nebenbei.
Mutti fuhr gern zum Markt nach Tilsit oder nach Memel, um eigene landwirtschaftliche Erzeugnisse zu verkaufen. Ab und zu bekam sie von den Kunden ein Trinkgeld, was ihre gesamte Barschaft ausmachte. Selbst zu ihrer Hochzeit hatte sie so wenig Geld, dass ihr ihre Mutter heimlich etwas zusteckte, damit sie sich wenigstens einen neuen Mantel kaufen konnte.
Muttis Geschwister hatten inzwischen Berufe gelernt, geheiratet, Kinder bekommen. Eine musste zu Hause bleiben. Mutti schuftete weiter, ohne Einkommen, ohne Beruf. Sie, die Jüngste, sollte ja einmal den Hof übernehmen. Ein halbes Jahr Schneiderlehre war das Höchste, das konnte eine Frau gut gebrauchen.

Mit ihrem Vater hatte Frieda ihre Schwierigkeiten.
Der war ein frommer Mann, aber trotzdem schlug er die ihm anvertrauten Tiere, sogar vor seinen täglich angeordneten Andachtsstunden. Mutti verbat sich, als sie älter wurde, jeden Zwang zum Beten. Sie ging nur noch in die Kirche, wenn sie mochte. Sie sehnte sich weg von zu Hause! Der Gastwirt Mikoleit aus Baltupönen verliebte sich in ein Foto von ihr, Frieda, das beim Fotografen auslag.
Mit 30 Jahren heiratete Mutti den gutmütigen, ruhigen, gut aussehenden, gut situierten Witwer Mikoleit, der ihr einen zwölfjährigen Sohn in die Ehe brachte. Alles ging gut!
Die neue Mutter/Sohn-Verbindung klappte bestens.
Die Liebe kam nicht zu kurz zwischen Mann und Frau, so schien es. Auch diese Generation sprach noch nicht über Liebe oder Körperlichkeiten.
Nacheinander wurden schnell drei Kinder geboren. Monika (also ich), Karl-Klaus und Hans-Jürgen. Im 2. Weltkrieg starben beide Jungen im Kleinkindalter. Von meinen verstorbenen Geschwistern haben meine Eltern nie gesprochen, von ihnen kann ich also nichts berichten.
(Auf der Memel gab es eine „Mikoleit-Schiffer-Dynastie". Vati hatte seiner ersten kranken Frau zuliebe alles aufgegeben, was ihn mit dem einst gelernten Beruf, Schiffer, verband. Stattdessen baute er einen

Gemischtwarenladen in Baltupönen auf. Er war seit langem Bürgermeister des Ortes und hatte mit seiner neuen Frau, meiner Mutti, einen guten Griff getan, wie man so sagt. Sie war das Arbeiten gewöhnt, immer fleißig bewies guten Geschmack bei der Einrichtung des Hauses. Sie half im Geschäft, bei den Schreibarbeiten desselben und bekam Kinder wie nebenbei. (Bis auf ihre erste Tochter Monika, die sie im Tilsiter Krankenhaus per Zangengeburt zu Welt brachte.) Ihre beiden Söhne bekam sie mit Hilfe ihrer Schwägerin Mia, gelernte Hebamme, während des Mittagessens. Als dieses fertig gekocht war, konnte sie schon wieder mit Appetit essen.
Mutti hatte auch ein Herz für Jochen, dem Sohn aus erster Ehe. Joachim, ein gutmütige Junge, in den Jahren ohne Mutter etwas verwildert, der zwar nicht gern zur Schule ging, aber große Freude daran, anderen zu helfen.
Jochen, der durch seine Geistesgegenwart, ihrer kleinen Tochter beide Hände, wenn nicht gar das Leben rettete. (Siehe „Marichenkäfer flieg")
Sie liebte ihn, spätestens seit dann. Jochen war so ein Junge, der seine eigenen neuen Stiefel einem armen Burschen schenkte, der sonst barfuss gehen musste.
Jochen, der Eisenbahner werden wollte und mit 17 Jahren, weit weg von zu Hause, in die Kriegswirren gerät und nicht mehr zurück in die Heimat kann. Der Ausbruch des 2.Weltkrieges ändert alles!
Jochen kam zur Kriegsmarine, zum Glück zu den Aufklärern. Deshalb überlebte er! Es bleibt ihm später die Liebe zum Meer, zur Schifffahrt. Seine spätere Frau, Gerti, aus Schlesien stammend, später in Essen lebend, hatte dafür wenig Verständnis. Sie konnte es nicht mehr hören, wenn er von der See schwärmte. (Jedoch im Keller richtet er sich eine Seemanns-Bar ein.)
Er war nicht dabei, als die gesamte Familie 1944 die Heimat verlassen mußte. Über das gefrorene Haff, in Pferdewagen, nur noch besitzend, was sie am Leibe trugen, verloren sie neben Geld, Haus und Hof auch viele Familienmitglieder und ihre Heimat Ostpreußen. Die Verwandten wurden in alle Teile Europas verstreut. Das ist schnell geschrieben, brachte den Beteiligten jedoch unendliches Leid.

Der 2. Weltkrieg, der am Ende auch Ostpreußen erreicht hatte, änderte nicht nur Jochens Leben, oder das unserer Familie, nein! Er beeinflusste das Dasein vieler Menschen.
Er wirbelte das Leben aller Ostpreußen sowie das der Einwohner der Nachbarländern durcheinander, brachte Tausenden den Tod.
Ostpreußen wurde aufgeteilt, unsere Familienheimat gab es nicht mehr. Die, die den Krieg und seine Folgen zu verantworten hatten, griffen in das Schicksal der Menschen in Europa, ja fast der ganzen Welt ein, dass ist jedoch eine andere Geschichte!

Die alte Lebensgeschichte meiner Familie ist hier zu Ende erzählt.

Kartoffelsalat nach Oma Frieda

Festkochende Kartoffeln garen, abpellen, in ca. zwei cm große Stücke schneiden, noch lauwarm mit Salz, Pfeffer, viel Senf, etwas Zucker würzen, unterheben, vorerst wegstellen.
Feste Gewürzgurken, Äpfel (Ananas), hartgekochte Eier, ein oder zwei Zwiebeln, nach Wunsch: Gekochten Schinken oder Bierschinken (oder Ähnliches) klein würfeln, Dill, nach Belieben dazu, alles über die gewürzten Kartoffeln, Kaffeesahne, etwas Gurkenwasser, (wenn vorhanden, wenig Ananas mit Saft) sowie wenig Majonaise nach Wunsch dazu, dann erst, mit zwei Löffeln, alles vorsichtig unterheben, abschmecken, möglichst über Nacht stehen lassen.
Am nächsten Tag, wenn nötig, noch einmal mit Kaffeesahne oder Gurkenwasser, evtl. Senf nachwürzen. Fertig!
Kühl gestellt ist er mehrere Tage haltbar, braucht auch nicht mehr nachgewürzt, höchstens umgerührt werden.

Ostpreußische und andere Rezepte aus der Nachkriegszeit

Warum in Zeiten des Überflusses Nachkriegsrezepte weitergeben?
Heutzutage sehen wir in den Medien vieles vom Essen und dessen Gestaltung und immer ist es gut, besser und noch raffinierter.
Mit diesen Rezepten denke ich an die Menschen, die sich preiswerter oder einfach ernähren wollen oder auch müssen.

Manch einer schätzt einfaches Essen als Abwechslung, der Andere erinnert sich an Großmutters Kindheitsgerichte, der Dritte nimmt Essen einfach nicht so wichtig.
Vielleicht gibt es auch junge Mütter, die froh wären, abwechslungsreiche, einfache, preiswerte Kost herstellen zu können.
Hören wir also mal von einfachen Gerichten.
Auch hierbei darf es schmackhaft sein.

Für alle Interessierte, hier meine persönlichen „lukullischen Kindheitserinnerungen“, an das ernährt werden auf einfache Art.
Sicherlich wurde überall anders gekocht.
Mir ist mehr die ostpreußische Art vertraut. .
Zutaten waren, nach 1945 noch sehr knapp und von daher begrenzt.
Die monatlichen Lebensmittelkarten deckten kaum den notwendigsten Bedarf der Familien. Trotzdem war es gut das, das Wenige auf alle Menschen aufgeteilt wurde und somit viele Familien die Chance gab, zu überleben.
Gartenerzeugnisse, Pilze aus dem Wald, Stoppelkartoffeln und Getreide, Beeren, Äpfel von der Chaussee, und wilden Schnittlauch, Sauerampfer waren dabei inbegriffen.

1. Brei-Arten !

Mein am wenigsten gemochter, aber gesunder Schrotbrei.
Salzwasser abkochen, nach Bedarf Schrot hineinrieseln lassen, mit etwas Salz kochen, bis es eine dicke graue Pampe war. So man hatte, schmeckte es etwas besser mit Milch und Zucker gekocht.
Darüber kam kalte süße Milch oder aber Zucker, Zimt und flüssige Butter, fertig.
Konnte warm und auch kalt gegessen werden.

Besser war schon Haferflockenbrei.
Zubereitet wie oben. Dieser Brei, nur mit Salz und Wasser gekocht hilft auch gut als Ernährung bei Magenverstimmungen. Wer die Lieschen darin nicht verträgt, kocht alles mit mehr Flüssigkeit, und isst nur das Durchpassierte. Mit Salz, Zucker und Milch gekocht schmeckt Haferflockenbrei sogar ganz gut und ist super preiswert.

Grießbrei: Er wurde genau so gekocht wie obiger Haferbrei, aber auf jeden Fall mit Milch, ist ja heute in vielen Familien noch immer ein schnelles, preiswertes und leicht verdauliches Sommer- oder Abendessen.
Bei Milchallergien oder bestimmten Magenbeschwerden natürlich nicht.
Heute gibt man nach dem Kochen ein Eigelb hinein, schlägt das Eiweiß schön steif und hebt es unter, fertig ist der Grießflammerie.
Auf den Brei gab es im Frühling Rhabarberkompott, im Sommer Kirschen oder anderes Obst, (warm oder kalt).

Gemüsebrei

Waren im Haushalt mal mehrere Gemüsereste vorhanden, gab es Suppe, Auflauf oder einfach Brei daraus, da bei Brei auch die geschälte Strünke/Stiele, oft auch Schalen (Kartoffel, Kohlrabi, Möhren) mitgekocht werden konnten.
Das Gemüse und evtl. einige Kartoffeln wurden zusammen mit wenig Brühe oder auch nur Salzwasser gekocht.
War alles gar genug, wurde es klein gestampft (oder heutzutage mit einem Mixstab püriert).
Recht knusprig gebratene Schweinebauchscheibchen oder anderes konnte, wer hatte, dazu reichen. Guten Appetit.

Kartoffelbrei

Siehe Gemüsebrei, am Ende, wenn vorhanden, etwas Butter darunter heben.

Erbsbrei.

Gelbe Erbsen über Nacht in Wasser einweichen.
In mindestens 1,5 oder gar 2 Stunden die Erbsen in wenig Brühe oder Salzwasser leise kochen.
Meine Mutti gab auch noch eine geschnittene, angebratene Zwiebel, etwas Pfeffer und Majoran dazu.
Waren die Erbsen schön weich, wurden sie gestampft, heute püriert, bis es ein dicker Brei war.
Diesen Erbsbrei aß ich besonders gern. Er schmeckte solo, aber noch besser mit gekochtem Eisbein und Sauerkraut. (Eisbein mit Zwiebel,

Pfeffer– und Pimentkörnern sowie Salz und Lorbeerblättern ca. 2 Stunden kochen.)
Fleisch gab es auf Marken, konnte aber mit damals frei verkauftem Freibankfleisch, preiswerte Pferdeschlachtereien oder Erzeugnissen von Einzelbauern ergänzt werden, wenn man denn Geld hatte.
Heute ist Pferde- und Freibankfleischverbrauch für einige Menschen anrüchig, aber es war ohne Konservierungs- und Farbstoffe und Pestizide, besser als so manches Stück Fleisch heute. Damals waren diese Sorten für besonders kinderreiche Familien lebenserhaltend.
Meine Mutti hatte allerdings eine starke Abneigung gegen das Freibankfleisch. Sie bekam ja oft vom Bauern, bei dem sie, neben der Gartenarbeit beim Bäcker, auch noch arbeitete, so dieses und jenes Stück Fleisch.

2. Kalte und warme Suppen

Sauerampfers Soße, Suppe

Helle Mehlschwitze in der Pfanne: Butter je nach Personenzahl (ca.100g für 2 P.). Ein Esslöffel Mehl dazu, anbraten, mit Brühe oder Wasser ablöschen. (Sollte es klumpen, mehr Wasser und alles durch ein Sieb streichen.) Danach: Salz, Pfeffer, Zucker oder Honig nach Geschmack, Zitronensaft dazugeben. Viel gewaschene, von groben Stielen befreite, Sauerampferblätter grob schneiden und mitköcheln.
Abschmecken! Es sollte kräftig süß sauer schmecken. Eier, je nach Bedarf hineinschlagen, zugedeckt ca. 2 Min. leicht kochen lassen.
Frühstücksspeck in Scheiben ausbraten und zum dazuknuspern beilegen: fertig!
Für eine Suppe kann man alles flüssiger halten, mit Milch oder Sahne strecken. Die Zutaten variieren dann, Salzkartoffeln als Sättigungsbeilage, Bratkartoffeln nebenbei gegessen.
Statt verlorene Eier sind auch hartgekochte möglich. Hat man nicht für jede Person ein Ei, werden die vorhandenen grob hineingeschnitten.

Kirschsuppe mit Grießklößchen. (Spucksuppe)

Kirschen mit Wasser, Zucker, etwas von der Zimtstange, einige Nelken kochen bis sie platzen. Etwas Bindemittel, damals meistens, mit wenig Wasser angerührtes Mehl, wurde zum Schluss mit aufgekocht, eine kleine Priese Salz dazu.

Dazu wurde ein Rest Grießbrei oder auch neu gekochter Brei, mit einem großen Löffel in schmale Klöße abgestochen und in die Suppe gegeben.
Diese Suppe konnte, ohne Kirschen, mit mancherlei Obst, auch Äpfel oder Birnen verändert werden. Genauso aus getrockneten Früchten, einzeln oder bunt gemischt. Getrockneten Pflaumen, mit Stein, waren in der Suppe besonders geschmackreich.

Desgleichen aßen wir auch gern „Rote Beete Suppe" mit Grießklößchen oder natürlich mit Kartoffeln.
Hier ein einfaches Rezept.
Rote Beete gar kochen, abschälen, mit dem Hobel (bitte nur die daumengroßen Löcher) raspeln, Zwiebeln anbraten mit reichlich Brühe oder leichtem Salzwasser ablöschen, süß-sauer abschmecken (evtl. auch mit saure Rote Beete oder Gurken-Einlegwasser).
Die Rote-Beete-Raspeln dazugeben und gut durchkochen, noch mal abschmecken, fertig.
Durchpassiert oder püriert haben wir es damals nicht, auch Sahne zum Verbessern war eher selten.
Schön war es, wenn man etwas frische oder saure Sahne in jeden Teller obenauf geben konnte.

Siegmars Eltern lebten in einer Blaubeergegend.
Seine Lieblingssuppe war im Sommer Baubeerknietsch, d. h. also eine ungekochte Suppe.
Blaubeeren wurden mit Zucker zerdrückt, im jeweiligen Teller mit kalter Milch aufgefüllt, dazu ein Brot oder Butterbrot, fertig.
Für eine große Familie ein schnelles Mittag- oder Abendessen.

Klütersuppe, wohl auch typisch ostpreußisch.
Diese Suppe kann man schon Morgens, oder auch Abends gut zum Brot dazu zu essen. Schmeckt kalt oder warm. Mehl wurde mit etwas Wasser und Salz verrührt, so das es ein relativ fester Teig wurde, wenn man hatte, kam ein Ei hinein.
Milch im Topf aufkochen, den Teig löffelweise hineingeben, das er in unregelmäßig großen „Klütern" in die kochende Milch fiel, stiegen die Mehlklümpchen hoch, waren sie gar.
Zur Milch kam etwas Zucker dazu, fertig.

Lieber aß ich aber Milchnudeln.
Die waren damals mit viel Arbeit verbunden.
Selten gab es gekaufte Nudeln. Zum Selbermachen nahm Mutti ähnlichen Teig wie oben, meist aber mit einem Ei.
Mit dem Nudelholz wurde fein ausgerollt und in Fleckchen oder lange Streifen dieser Teig geschnitten. Dann musste er erst noch einige Stunden, über Stangen gehängt, trocknen.
Mutti kochte die Nudeln immer extra, erst wenn sie fertig waren, kamen sie in die abgekochte süße Milch. Die Milch blieb klar und war nicht so pampig. Es zog auch nicht unnötig viel Milch, beim Kochen, in die Nudeln.

Graupen, für Graupensuppe wurden auch extra gekocht und sogar noch abgespült, damit sie die schöne klare Brühe der Suppe nicht verschleimten.
Rinderbrühe war zu Graupen am Besten, wegen ihres kräftigen Geschmackes.
Fleisch also kochen, den Schaum sehr gut abschöpfen und entfernen.
2 Stunden mit Salz kochen lassen, dann Suppengrün dazu, evtl. auch noch Brüheextrakt, alles gar kochen, die Graupen portionsweise dazugeben, fertig: guten Appetit.
Auch für obige Suppe waren mir Nudeln oder Reis lieber aber „kisetig“ oder „kilfrotsch“ konnten wir nicht sein, sonst gab es gar nichts.
Es wurde verkocht und gegessen, was es gab. Jede Hausfrau war froh, wenn sie etwas auf den Tisch stellen konnte.
Wer gut kochen konnte, machte aus fast Nichts noch eine gute Mahlzeit, die Anderen mussten sehen, wie sie über die Runden kamen.

Auch damals gab es schon Suppen ohne Ende, es wurde praktisch alles Essbare, was man bekam, gekocht. Deswegen hier das Letzte:
Restesuppe soll man auch nicht unterschätzen.
Denken wir an die Soljanka, eine eigentlich russische Restesuppe.
Gab es ausgelöste Knochen, wurden sie mit Salz gekocht, mit Gewürzen verschiedener Art versehen und immer wieder mit denselben nachgebessert.

Der Topf stand tagelang auf dem Herd und vieles, was sich an Resten im Haus befand, außer Süßes, kam dort hinein und so wurde jeden Tag neu anfallende Reste in die gleiche Grundbrühe getan.
So schmeckte diese Restesuppe auch immer etwas anders.
Für jeden, der nach Hause kam, war immer eine warme gehaltvolle Suppe da, wenn sie ab und an auch zu Brei wurde. Da es sowieso nur Reste gewesen waren, wurde dieser Rest dann auch mal den Hühnern gegeben.
(Bei Restesuppe, muss ich immer an die vielen Obdachlosen denken, wenn ich in Kochshows, die anfallenden Reste sehe.)
Da ja Kartoffelsuppe, wie einige andere einfache Suppen, heute noch viel gekocht werden, möchte ich sie hier auslassen, da sie jeder sowieso kennt.

3. Fisch

Hier brauche ich mich nur kurz aufhalten.
An Fischarten bekamen wir viele Jahre noch nach dem Krieg höchstens einmal Heringe.

Salzhering wurde, wenn es ging, viel gekauft.
Er wurde zu Hause geputzt, denn er war mit allen Innereien ins Salzfass gelegt worden.
In kaltem klarem Wasser wurde er so lange immer wieder gewässert, auch der Rogen und die Milch der Fische, bis das meiste Salz wieder ausgeschwemmt war. Der Kopf wanderte in den Abfall, die Fische wurden in ca. 5 – 7 cm lange Stücke geschnitten.
In einer der Menge entsprechenden Schüssel bereitete Mutti eine kräftige Essig-Zucker-Zwiebelmischung mit einem Lorbeerblatt und einigen Piment- und Pfefferkörnern vor.
In diesen Sud kamen die noch immer salzigen Fischstücke, der Rogen und auch die Milch und mussten nun ein bis drei Tage ziehen, ehe man sie als saure Heringe mit Brot oder Kartoffeln (am besten Bratkartoffeln) essen konnte.
Für Rollmöpse blieben einfach die Filets ganz, und wurden vor dem Servieren mit Zwiebeln, und Delikatessgurken zusammengerollt und aufgespießt.

Für Herings-Heckerle, wurden sie in Würfel geschnitten und mit einer Art Kartoffelsalat gemischt.
Rogen und Milch fischte ich oft schon vorher heraus, da sie am schnellsten durchgezogen waren.
Diese Heringsschüssel konnte im Kühlen viele Tage stehen bleiben.
Hatte man die Heringe einmal nicht lange genug gewässert, wurde der saure Sud sehr schnell salzig.
Vorsichtig abgegossen und einen frischen gemacht, ging es wieder.

Grüne Heringe
Die Fische putzen, etwas salzen, in Mehl wälzen und bei kleinerer Hitze von beiden Seiten in Fett schön goldbraun braten.
Rogen und Milch ebenso.
Zu Brot oder Kartoffeln, welcher Zubereitung auch immer schmeckte es wunderbar.
Grätenpulen inbegriffen.

Bratheringe waren im Prinzip die Reste der grünen gebratenen Heringe. Sie wurden dann einfach wie die Salzheringe in einem süßsauren Sud, jetzt aber mit Salz, einige Zeit eingelegt.
Bratkartoffel und Brathering, dazu Zwiebelringe, isst man ja auch heute überall noch gern.

4. Kartoffel und Fleischernes

Auch mit Würzmitteln war es knapp, ich erinnere mich an Salz und Pfeffer, an Piment, Nelken und Lorbeerblatt und Zimt.
Gewürze waren ja haltbar und so verirrten sich auch Kümmel und Muskatnuss in die Nachkriegsküchen.
Das war schon alles.
Ein wenig im Sommer ergänzt durch Petersilie, Schnittlauch und Zwiebel-Lauch.
Zwiebeln, Majoran, sowie Bohnenkraut und Pilze gab es frisch im Sommer und getrocknet im Winter.
Auch mit diesen wenigen Geschmacksverstärkern kann man also ganz gut in der Küche aus kommen. (Manches, was es heut da so gibt, von den internationalen Gewürzen, kannten wir ja auch überhaupt noch nicht.)

Heute haben es ja durch internationale Abwechslung eine Hausfrau/Hausmann viel leichter, ihre/seine Familie zu verwöhnen.

Schmantschinken

Am Besten dazu ist magerer Schinken.
Wir nahmen hart gewordene Schinkenecken oder Speck, harte Wurst oder alles an geräucherten Resten gemischt, wenn sie nicht weggeworfen werden sollten.
Zwiebeln werden in der Pfanne angeröstet (heutzutage auch noch Paprika dazu). Mit etwas Wasser oder Brühe abgelöscht und zugedeckt muss es mindestens eine oder gar zwei Stunde köcheln.
Gewürzt werden kaum gebraucht, alles ist scharf genug.
Die Soße wird, wie gewohnt, angebunden/verdickt, mit Milch verdünnt und mit Schnittlauch bestreut.
Eigentlich gehört hier auf jeden Fall Schmant/Sahne am Ende hinein.
Kalorien besser nicht zählen.
Gekochte Kartoffeln oder Brot dazu, Delikatessgurken oder eingelegte Rote Beete passen gut dazu, ein kräftiges Essen.

Holzschläger-Mittag

Den Holzfällern richteten die Frauen oder Mütter zu Hause eine Kasserolle mit geschichteten Zutaten.
Unten Fleisch, am besten Eisbein, gewürzt, darüber Zwiebeln und Möhren oder Kohl, am besten Sauerkraut, darüber kamen geschälte Kartoffeln, alles mit Salz, Pfeffer usw. gewürzt, Brühe oder Wasser wurde zuletzt bis zu den Kartoffeln aufgefüllt.
Die Männer hingen nahe ihrer Arbeitsstelle ihre verschiedenen Henkeltöpfe an eine Stange über einem kleinen Feuer und gingen an die Arbeit. Ab und an ging jemand, um Holz nachzulegen.
Bis mittags war der Inhalt der Kasserolle dann gar.
Dieses „Holzschlägermittag“ war das erste Essen, das ich völlig allein schon mit 10 Jahren täglich meinem Vater und mir kochte, als meine Mutti mein Schwesterchen Gitti im Krankenhaus bekam. Es eignet sich bestens zum Zelten oder für Naturfreunde im Freien zu kochen.
Natürlich legte ich alles übereinander in einen kleinen Kochtopf und nicht in eine Kasserolle.

Es schmeckte kräftig, würzig und war leicht zu kochen, wenn man nicht zu scharfes Feuer anstellte. (Dauerte dann aber seine 2 bis 3 Stunden.)
Sicher nicht gerade etwas für anspruchsvolle Gaumen, aber wir unterhalten uns ja über einfaches Essen.

Schmalz aus „Spirgel“
Ein riesiger irdener Topf mit selbst gemachtem Schmalz ersetzte, auf Brot gestrichen, so manch ein Mittagessen.
Mutti holte dafür viel durchwachsenen frischen Schweinebauch.
Zum Teil briet sie ihn Streifen geschnitten und gut geklopft, mit Majoran, Pfeffer und Salz eingerieben als „Spirgel“ zu mancherlei Speisen. (Bratkartoffel, Gemüsebrei, Rote Beete Soße, Sauerampfer-Soße).
Heute, kann man das Gleiche auf dem Grill sehr gut knusprig grillen, schmeckt auch in unseren verwöhnten Zeiten. „Spirgel“ hat natürlich mehr Kalorien als ein Steak. Kalt, auf Brot gelegt schmeckt es auch. Besser jedoch war Muttis ostpreußischer Schmalztopf. Hergestellt ohne Grieben und Schmalz.
Mutti schnitt das vorhandene Bauchfleisch vom Schwein, in 1cm große Stückchen, ließ sie, schön mit Salz, Pfeffer, Majoran, bei großer Hitze in der Pfanne ausbraten, damit sie gut Fett abgaben und recht kross wurden.
Wenn da war, wurden Apfelwürfelchen und vor allem geschnittene Zwiebeln mit ins heiße Fett gegeben, mitgebraten, bis es glasig oder leicht braun wurde. Ein Lorbeerblatt und einige Gewürzkörner gehörten auch, nach Bedarf, dazu.
Ein oder auch zwei Würfel Margarine oder auch klares Schmalz, ergänzten und streckten das Ganze. (Mir war es lieber ohne).
Über Nacht, im Kalten, erstarrte das Fett und war am nächsten Tag ein wunderbarer Aufstrich, besonders fürs Schulbrot.
Am besten schmeckte er, wenn die knusprigen Spirkelstückchen oben aus dem Schmalz sahen, hieß es doch, das man viel krosse Fleischstückchen aufs Brot bekommen würde.
Eine saure oder Gewürzgurke dazu und ein besseres Essen gab es für uns damals kaum.
Bei kinderreichen Familien überbrückt ein guter Schmalztopf manche Essenshürde, Siegmars Mutti konnte ein Lied davon singen. Bekam

sie doch mit einem gut gefüllten Schmalztopf leichter ihre vier Jungen satt.

Kartoffelflinsen, oder Kartoffelpuffer, Reibekuchen oder wie man sie sonst noch nennt sind wohl allen bekannt.
Wir machten sie auf verschiedene Art.

Kartoffelflinsen mit „Spirgel"
Geriebene rohe Kartoffeln und Zwiebeln stehen lassen, Wasser abschöpfen, Salz, ein oder mehrere Eier dazu, zwei Löffel Mehl, besser Haferflocken (wegen der Knusprigkeit) zum Binden.
Geschnittene und geklopfte Schweinebauchscheibchen oder Würfel, je nachdem wie viel man hatte, in eine Pfanne, sehr gut ausbraten, in eine Schüssel legen und portionsweise für jeden Puffer nur einen in die Pfanne. Anschließend den Kartoffelteig darüber geben, alles abbraten, umdrehen, auch braten, fertig ist eine deftige, nahrhafte Mahlzeit.
Oder den rohen Kartoffelbrei, wie oben beschrieben, jedoch mit wenig Zwiebeln herstellen. Den Teig rechts, links, ohne Speck knusprig braten und mit Zucker bestreut, zusammengerollt auf die Hand und essen.
Abwandlungen waren verschiedene Obstmuse die darauf gestrichen wurden und dann aber mit Gabel und Messer gegessen werden konnten,

Weil ich gerade bei Flinsen/Plinsen bin, hier gleich noch unsere Mehlflinsen. Selbst in der heutigen Zeit, war das Lieblingsessen meiner Mädchen „Arme Ritter".

Flinsen mit Quark.
Der Wortunterschied sagt es schon, nicht Kartoffeln, sondern Mehl, Milch und Eier bildeten die Grundlage, etwas Salz, auch wohl schon Zucker, wenn man wollte, wurden verrührt und portionsweise abgebacken.
Ein Schüsselchen Quark mit viel Zucker und wenig Zimt anrühren. Nach dem Braten der ersten Seite, diese umdrehen, und längs gelegt etwas Quark auf die Mitte geben, mit warm werden lassen.
War die zweite Hälfte dann auch gebraten, wurde der Flinsen zusammengelegt und war essfertig.

Apfelflinsen.
Der Teig wie oben, nur dass in ihn Apfelscheibchen oder geraspelte Äpfel gegeben und mitgebraten wurden.
Es durfte nicht so große Hitze sein, da die Apfelscheibchen im Teig Zeit zum Garen haben mussten.
Zucker darüber, guten Appetit.

Spirgelflinsen
(Genau wie bei den Kartoffelpuffern)
Eierkuchenteig (Flinsenteig) wie gehabt, aber ohne Zucker anrühren.
Dünn geschnittene Bauchfleischstückchen gut ausbraten und beiseite stellen.
Portionsweise etwas davon in die Pfanne legen, Teig darüber auf beiden Seiten fertig braten, das ausgelassene Fett gleich für den Eierkuchenteig zum Braten benutzen…

Normale Flinsen, Plinsen, Eierkuchen, Pfannenkuchen, Palatschinken: Besagten Teig wie üblich einrühren, abbacken und variabel mit Zucker, Mus, Marmelade, oder heutzutage Nugatcreme bestreichen und genießen, besser als auf den Weihnachts- oder sonstigen Märkten ist er zu Hause allemal.

Weil wir gerade bei geriebenen Kartoffeln waren.
Grüne Klöße
Für mich früher ein Festessen.
Kartoffeln reiben und in einem Leinentuch auspressen. Das ausgedrückte oder abgetropfte Kartoffelwasser stehen lassen, bis die Stärke sich abgesetzt hat.
Ca. ein Drittel gekochte, durchgepresste Pellkartoffeln, den rohen Kartoffelteig dazu, (ca. 2 Drittel der Gesamtmenge), etwas Mehl und die gewonnene Kartoffelstärke (ohne das Wasser) der gleichen Kartoffelsorte vermengen, mit Salz würzen. Etwas ruhen lassen und mit der Hand längliche Kartoffelteigwürstchen formen und sofort in reichliches, leicht kochendes Salzwasser geben.
Kommen die Klöße hoch, noch ein bisschen Karenzzeit geben und heraus nehmen.
Mutti briet dazu kleingeschnittenen durchwachsenen Speck aus, tat zuletzt viele Zwiebelstückchen dazu, bis auch sie glasig waren.

Das Ganze kam über die Klöße, ein oder zwei Löffel voll, wie viel jeder wollte, ein nahrhaftes Essen damals.
Natürlich gab es an den Feiertagen, als ich älter wurde, auch richtigen Kassler oder Kaninchenbraten dazu.
Da wir keine Bratenröhre im Herd hatten, machte Mutti die Braten in einem Schmortopf, es musste halt öfter mal gewendet, oder ein wenig Wasser, Brühe oder Fett nachgegeben werden.
An den Kassler kam außer Pfeffer und Zwiebel nichts mehr. Manchmal, wenn Teile vom Suppengrün da waren, kam davon etwas dazu, oft ging es auch so.
Kaninchenstücke wurden mit Pfeffer und Salz eingerieben und, wenn möglich mit etwas Senf eingestrichen, ehe sie gut angebraten mit oder ohne Gemüse, bei stets wenig Flüssigkeit, gut weich gegart wurden.
Kaninchen hatten wir selber und zu den Feiertagen wurde meist eines geopfert.
Ich war immer traurig, aß sie aber trotzdem mit. Zicklein oder Lämmchen die auch so bereitet wurden aß ich nicht, möchte auch nicht dazu anregen. Lasst die Tierkinder doch erst einmal leben(!), aber ich weiß schon, danach geht es nicht.
Selbstgeschmorter Rotkohl war mir das Liebste dazu.
Wir hatten kein Sternanis oder Ähnliches zum Würzen.
Rotkohl schmeckt auch wunderbar, auf einfache Würzart.
Wenn er nach dem Kleinschnippeln nur mit genügend Fett und Salz, sowie etwas Essig und Zucker, mit einem Lorbeerblatt und ein paar Nelken, sowie Piment bissfest gegart wird.
Am Ende noch ausreichend Essig (besser Zitrone) und Zucker oder Salz nachwürzen, wenn vorhanden zwei Esslöffel Johannisbeermarmelade dazu, fertig.

5. Mancherlei vom einfachen Essen

Gefüllte Eier - Ostpreußisch

Beliebig viele Eier hart kochen.
Vorsichtig längs aufschneiden. Das harte Eidotter in eine Extraschüssel geben.
Delikatessgurkenschale, dick abgeschnitten ganz fein würfeln.
Mageren Schinken ebenfalls und auch Schnittlauch.

Das Gelbei gut mit einer Gabel (heute Rührstäbe) und mit etwas Senf, Pfeffer und Zucker würzen und verrühren.
Vorsicht mit Salz, da tut der Schinken schon das seine.
In diese noch immer feste gelbe gewürzte Masse vorsichtig die Gurken und Schinkenwürfel, sowie den Schnittlauch, geben, einrühren und zurück in die Eiweißhälften füllen, den anfallenden Rest in ausgehöhlte Tomaten, alles dann auf Salatblättern garnieren.
Eine Bereicherung für jedes kalte Büfett.

Unser „Kinder-Lieblingsbrötchen".
Brötchen anbeißen, das Weiche herausessen, Zucker in die Höhle, möglichst viel, dann Wassertropfen darüber, bis der ganze Zucker schön nass war und fest zusammengepresst, sofort einfach losessen, noch ehe der Zucker richtig auftauen konnte. Heute, in den möglichst zuckerfreien Zeiten, eine große Sünde.
So, das waren sie, meine wichtigsten „lukullischen" Essen-Erinnerungen der Nachkriegszeit.
Es ist gut, dass sie vorbei sind, diese Zeiten, manches Rezept schmeckt einem heute auch gar nicht mehr.
So ab und an, sind einige dieser Rezepte auch heute noch in unserer Familie ganz nützlich.
Ich hoffe, dass ich Erinnerungen wecken, oder wenigstens einige Freunde des sparsamen Essens zur Nachahmung anregen konnte.
Auch wer billig essen muss, oder viele Personen mit wenig Geld satt zu machen hat, wird hier fündig werden können.

Viel Spaß dabei und guten Appetit.

Urlaubssplitter

In Eile

„Du meine Güte, ist der gehirnamputiert, der weiß nicht mal das Einfachste, obwohl er hier arbeitet!“ Mein Schatz stöhnt.
Zur Klärung der Situation ist zu sagen, dass wir auf unserer Reise nach Thüringen in Berlin Schöneweide umsteigen müssen. Ich bin im fünften Monat schwanger, und wir stehen auf dem Bahnsteig. Einen jungen Mann der mit leerem Gepäckwagen vorbeifährt, fragten wir höflich nach dem Zug Richtung Thüringen. Der junge Mann schaute uns verständnislos und leicht verdutzt an, geht dann wortlos weiter.
„Der war nicht ganz dicht, oder?“
Dann erst schauen wir uns um, gegenüber an einem Gebäude ein großes Schild: „Güterbahnhof Schöneweide“. Lauthals prusten wir los, wer war nun nicht ganz dicht? Wir selber, die wir, in Reisehektik, nicht nur am falschen Bahnhof ausstiegen, sondern auch noch einen unbeteiligten Arbeiter, mit unserem Anliegen total verwirrten und beschuldigt haben.
Ein Gutes aber hat das Erlebnis, es zeigt uns, das wir über uns selber lachen können.

Was so passiert

„Der König der Löwen“, zwei wunderschöne Tage Hamburg, mit Theaterbesuch sind leider schon vorbei. Es geht wieder nach Hause.
Am Bahnsteig informieren wir uns an einer Tafel, an welcher Stelle des Zuges unser Abteil mit unseren Sitzplätzen ist. An dem entsprechenden Bahnabschnitt stellen wir uns auf.
Der Zug fährt ein. Stark geblendet, können wir das Nummernschild nicht erkennen.

„Komm Schatz lass uns einsteigen am Ende fährt der Zug noch ohne uns ab. Wir suchen drinnen weiter. Hier wird es schon richtig sein, wir standen ja am passenden Abschnitt!"
„Quatsch, du immer mit deiner Angst!"
Ich steige trotzdem ein, rufe ihn auch noch einmal, aber er geht einfach weiter. „Komme gleich!" Schnell finde ich unsere Plätze, der Zug fährt, mit Tempo, los. Siegmar wird doch gleich kommen? Leider funktioniert in diesem Zug kein Handy.
Herzklopfen! Steht Siegmar noch auf dem Bahnsteig? Ich nehme mein Gepäck wieder auf und gehe ihn suchen. Aufregung ist so gar nichts für mich. Mein Blutdruck spielt verrückt! Nach drei Waggons Kofferschlepperei geht es nicht weiter, abgesperrt!
Ein Beamter sagt: „Hier wird der Zug nachher abgekoppelt!" Abgekoppelt? Aber ich hatte doch unsere Plätze! Und wo ist Siegmar? Gehe zurück, setze mich, zum Glück habe ich die Wasserflasche im Gepäck, trinke, trinke, trinke.
Frage den nächsten Schaffner noch mal genauer und in Ruhe. „Ihr Mann ist sicher vorne im Zug, dieser hier fährt von Hamburg nach Berlin direkt durch." Gut, da steigen wir sowieso um. Aber ohne Zwischenhalt können wir nicht Plätze wechseln, ich bleibe notgedrungen allein. Die Stunden dehnen sich! Plötzlich eine Durchsage: „Frau Monika soll sich keine Sorgen machen, ihr Mann ist im vorderen Teil des Zuges!" Alles lacht! Zum Glück kennt mich hier niemand. Und, ja, ich bin erleichtert, trotzdem, manchmal könnt ich ihn!

„Fischlein, Fischlein Timpetee. Buttchen, Buttchen in dem See……."

So befragt ein Fischer in einem russischen Märchen seinen größten Fang.
In Brück gab und gibt es auch Angler. Gut, wir wohnen nicht am See oder gar Meer, jedoch die Teiche und Flüsse der Region geben genug Potential für alle willigen „Petrijünger" her.

„Wer ist der größte Hecht im Karpfenteich?" – Immer der Erzähler.

„Wer wirft nicht nur die Angeln am weitesten, sondern auch noch zielgenau?“ – Immer der Erzähler.
„Und wer fing jemals hier den größten Fisch?“ – Immer der Erzähler.
Wir kennen es alle, das „Anglerlatein“.
Anglerlatein? Im alten Duden nicht zu finden.
Von diesen besagten Übertreibungen ist in der Anglerchronik des Anglerverbandes nichts zu finden. Oft sind sie so trocken, dass es staubt. Nichts mit flüssig, dabei leben doch die Fische und somit auch die Angler im und am Wasser.
Sport eben, kurz und knapp!
Der Angler-Guide „Auwa Thiemann“, Meisterangler Deutschlands sagt, das es 4 bis 5 Millionen Angler in Deutschland gibt, die allein einen Umsatz von fünf Milliarden Euro im Jahr bringen. Ein großes Wirtschaftspotential also und somit nicht zu unterschätzen im Massensport.
Er unterscheidet die Angler in zwei Kategorien. Erstens die „Plumsangler“, die mehr die Freude am Biertrinken und altbackenen Angeln haben. D.h. sie legen die Angel auf Grund, nehmen den „Köder“ auf Verdacht und müssen daraufhin schon mal einen Fisch kaufen, um ihn zu Hause präsentieren zu können.
Die zweite Sorte sind die „Sportangler“. Diese Gruppe sind die eigentlichen Profis. Sie wissen genau, in welcher Jahreszeit, welcher Köder genommen werden muss. Sie kennen die Beschaffenheit ihrer und anderer Gewässer genau und fangen dann ganz gezielt Forellen, Hechte, und andere Fischlein. (Manchmal sogar zweibeinige, weibliche.)
Der Zander ist die Mimose unter den zu fangenden Fischen, da er nicht zu jeder Zeit frisst.
Es gibt neuerdings sogar noch eine dritte Art von meist jugendlichen Anglern. Denen ist ihre Anglerkluft wichtig und das „Angeln in der Gruppe“. Sie melden untereinander per Handy wo gerade „etwas abgeht“ rasen mit Auto oder Mofa hin und her zu neuen Ufern.
Soviel zu den Aussagen des ungekrönten „Anglerkönigs“ Auwa.

In Suhl

Wir kommen den Berg hinunter an Suhl (schöne Stadt in Thüringen,) herangefahren.
Das ganze Panorama der Stadt liegt wunderschön vor uns. „Herrlich!“ Für unseren unverwöhnten Kleinstadtblick ist die City ein kleines Meisterwerk. In dieser Stadt findet man auch die einzige „Japanische Gaststätte“ der gesamten DDR.
In Suhl haben nicht nur Tradition und Neues eine harmonische Wirkung, eine Symbiose geschlossen, nein! Die Verantwortlichen für Stadt- und Anlagenbau sind und waren Könner in ihrem Fach, das spürt man an allen Enden. Nicht nur das, sie haben, für alle sichtbar, ihre Liebe zum Ort mit hineingegeben. Wie nahe an Neubauten, große alte Bäume wachsen. Ich denke es wird Arbeit, Überlegung und viel Schreibkram gegeben haben sie zu verschonen. Wir sind ja keine Experten, fühlen nur die Wirkung auf uns, die wir schon ein wenig in Europa herumgekommen sind. (Trotz Grenzen)
Extra erwähnenswert für mich, das schöne, bequeme (vorn und hinten Eingänge) Konsument-Kaufhaus.
Im Suhler-Haus, fehlen im Prinzip alle bekannten Kaufhaussünden.
Es fehlt die Enge, die schlechte abgestandene stickige Einkaufshallenluft. Es fehlen die desinteressierten „haben- und führen wir nicht“ Verkäuferinnen. Es fehlen auch die lustlosen, unübersichtlichen Arrangements von Waren in den einzelnen Abteilungen.
All das fehlt!
Man staunt, was aus so einem Kaufhaus (Neckermann im Volksmund) werden kann.
Leise Musik, ab und zu eine freundliche Durchsage empfangen und begleiten den Besucher wohin er im Hause auch geht. Mich würde interessieren, ob die Leiter des Hauses hier mehr Gehalt bekommen, als ihre übrige DDR-Kollegenschar in anderen Städten.
Eine wahre Wohltat auch die Verkäuferinnen, ob beim Spielzeug, der Kinderkleidung, der Optik, dem Kunsthandwerk, sowie den Haushaltswaren, die wir aufsuchten. Wir fanden nur Freundlichkeit, Hilfsbereitschaft und Kompetenz. Das tat der „Hausfrauenseele“ gut.
Ein rundum schöner Tag, bitte mehr davon!

Ein Baum träumt!

Die Birken so grün, am Wegrande stehn.
Die Kleinste von allen, die könnt mir gefallen.
Wär ich jetzt „Herr Baum“,
dann ging ich, im Traum,
genau auf sie zu.
Sie hebt ganz sacht die Wurzen,
die Langen und die Kurzen,
und kam mit mir ein Stück,
welch ein Glück!

2. Variante

Im Vorbeigehen

Die Birke so grün
ist schön anzuseh'n.
Und leis Tag und Nacht,
rauschen Blätter ganz sacht.
Erzählen vom Sommer,
von sonnigen Tagen,
vom Blühen und Werden,
und Lasten tragen auch vom Sonnenschein
und verankert sein.

Sprechen dann auch
vom Herbst und den Winden
die Sonnenkinder.
Vom vergehen und welken,
dem Winter, dem Schluss.
So zeigt die Natur,
das man stillhalten muss.
Nein es ist nicht verkehrt,
was die Birke uns lehrt.

Urlaub mit Hindernissen

Es fing schon gut an.
Eine Stunde Stau auf der Autobahn, später dann Kurven, Kurven, Kurven, schade, dass ich damit nicht so reichlich gesegnet war! Dann nahmen wir auch noch die falsche Abfahrt. Es gab eine ganz normale Straße vor dem Haus. Wir aber waren einen Feldweg hinter dem Haus gefahren und mussten nun steil hinunter zum Haus. Die Wirtin empfing uns mit einem einstündigen „Verhaltensvortrag", bevor wir die Wohnung, nach der langen Fahrt, endlich betreten durften.
Wir bekamen zwei Zimmer, eines zum „Aufhalten", eines zum „Schlafen" für Kinder und Eltern. Vom „endlich Zeit füreinander haben" junger Eltern im Urlaub, hatte man hier in den Bergen wohl andere Vorstellungen.
Zwei der Betten umzubauen war daher unsere erste Tätigkeit. „Aber das bringen sie nach ihrem Urlaub alles wieder in Ordnung!" „Natürlich!"
Sicher wären uns Generationen von Ehepaaren fürs Umräumen dankbar gewesen.
Verpflegung gehörte nicht zum Aufenthalt!
Nach vier Tagen auf und ab beim Wandern wussten wir, warum uns in Thüringen keine dicken Einwohner begegneten.
Nach 8.00 Uhr morgens gab es z. B. beim Bäcker kein Brötchen mehr und nur noch selten Brot. Es hieß daher, auch im Urlaub früh aufzustehen. Mittags waren wir gern unterwegs, auch das hatte seinen Grund. Wir gehörten nicht zu den FDGB-Urlaubern, die in Ferienheimen in den Genuss von Vollverpflegung kamen, sondern waren als Bewohner einer Ferienwohnung „Selbstversorger". Ab 14.00 Uhr bestand jedoch für uns die Möglichkeit „Resteessen" in der einzigen Gaststätte des Ortes einzunehmen. Das führte fast täglich zu Streitigkeiten bei den Malzeiten. „Nudeln?", „Nur noch einmal!", „Das sind meine!", „Nein meine!", „Mutti ich will auch Nudeln!", „Könnten Sie bitte die Portion teilen?", „Dann sind sie aber nicht zum Sattessen!", „Haben sie noch Klöße?", „Zweimal können sie haben, einmal Gulasch, und ein Schnitzel ist auch noch da!", „Na toll! Schnitzel zu Klößen!",. „Kompott haben wir leider nur noch einmal, einmal Eis und einmal Schokopudding!"

Das zermürbte, manchmal verging uns auch der Hunger, der Familienfrieden war in Gefahr. Als nach fünf Tagen keine Besserung der Lage in Sicht war, brachen wir den Urlaub, auf den wir uns so gefreut hatten, ab. Natürlich nicht, ohne die Zimmer vorher umzuräumen. Ein Urlaub, in dem zwar die Pfunde purzeln, aber die Nerven leiden, war was für „Schlankheitsfanatiker", nicht aber für uns.

Beim „Verschönerungsrat" oder auch „Herzinfarkt? Was ist das"?

Heute ist wieder „Badetag!", schön braun sind wir in der relativ kurzen Zeit geworden.
Ich freue mich auf die Sonne, jedoch erst noch schnell zum Frisör, wir wollen abends Ausgehen.
Es ist ca. 9 Uhr, als ich frage: „Könnte ich?"
„Wenn Sie Zeit haben!", ist die lakonische Antwort der Frisöse. Im Urlaub hat man Zeit. Ich setze mich also und warte. Warte eine halbe, dann eine, ja schon anderthalb Stunde.
Will eigentlich immer gehen, bleibe aber doch. Schon aus Neugier was hinter dem Vorhang ist. Die „Wartestühle" sind getrennt vom Laden, drei Kundinnen vor mir sind dahinter verschwunden, alles ist leise. Ca. jede viertel Stunde kommt ein 50 jähriger Herr mit einem schütteren Haarkranz, blättert im Kundenbuch, klopft laut auf den Tisch und verschwindet wieder, gemächlichen Schrittes. Zwei Herren sind gegangen, es gibt ein Schild: „Männer können nur bedingt bedient werden!"
Heute ist wohl nicht „bedingt". Mich piesackt die „Komik" der Situation, nun will ich wissen, wie es weiter geht.
Es ist langweilig, weil, siehe Vorhang, Zusehen nicht erlaubt! Die Chefin, Brillenträgerin, Mittvierzigerin, schaut immer, wenn sie vorbeikommt sehr verbissen. Was mich am meisten wundert, ist die absolute Stille im Laden, stundenlang.

Die junge Tochter geht, sehr gemessenen Schrittes, auch hin und wieder vorbei.
Wenn die Zeitlupe noch nicht erfunden wäre, sie demonstriert sie.
„Einmal waschen und legen", nach 12 Uhr bin ich dran. Und endlich geht es ein- und einhalb Stunden „flott" vorwärts. Ich erfahre, wie man den Herzinfarkt erfolgreich vermeidet.
Die Tochter spricht kein Wort zuviel: „Hinsetzen", „Still sitzen", „Z. heiß sagen", „nich' fertig" „Ja", „Nein".
Der Vater irrt mehr umher, als dass er etwas tut, alles aufreizend langsam.
Die Mutter zu einer Kundin: „Bei uns ist Stimmung, Vater ist soooo nervös!"
So betont ruhig möchte ich sein, wenn ich nervös bin!
„Machen Sie die Haube runter." „Nehmen Sie die Lockenwickler raus!" „Warten Sie".
Das sind die meistgesprochenen Sätze in den insgesamt fünf Stunden.
Dann gehen, mitten in der Arbeit alle drei, Vater, Mutter, Tochter auf einmal Mittag essen, obwohl ca. acht Kunden für die einzige Angestellte zurück bleiben. Die blonde Frisöse sagt mir leise, sie hätte gekündigt, weil sie die Oma der Familie nicht mit in ihre Dienstwohnung nehmen wolle. Daher die Stimmung, die Langsame, Wortlose.
Gegen 15 Uhr 30 bin auch ich in der Badeanstalt, die Sonne ist fast weg. Mein Schatz ist nicht böse, er lacht herzhaft, als ich ihm die Verschönerungs-Story erzähle: „Deine Geduld möchte ich haben", ist sein Kommentar dazu.

Der charmanteste Mann Moskaus

April 1977: Einige aus Ingeborg Bohne-Fiegerts „Förderklasse“ und einige Mitglieder der „Modenschaugruppe Potsdam“ gehen auf eine sechstägige Urlaubsreise in die UdSSR.
Wir, von der „Förderklasse“ hatten durch die Erarbeitung mehrerer großer Wandbehänge und verschiedener Andenken genügend Geld angespart, um in den besten Hotels Quartier zu nehmen. Da wir als „Volkskunstgruppe“ reisten, öffneten sich uns im fremden Land Türen, die Touristen normalerweise verschlossen blieben. Unsere Leiterin, Ingeborg Bohne-Fiegert, hatte bereits im Vorfeld der Reise brieflichen Kontakt zu Slawa Saizew, einem berühmten Moskauer Modemacher. Als dieser uns dann mit einer Einladung zu einer Sondermodenschau überraschte, war die Freude riesengroß.
Ein schöner Raum, diverse Leute empfingen uns, und dann kam ER. Vom ersten Augenblick nahm er uns gefangen. Dabei war es nicht so sehr sein Aussehen, schmal und dunkel, sondern mehr die Art, wie er sich bewegte, sprach, und auf Einzelne zuging, die uns für ihn einnahm. Slawa Saizew sprach gern und ausdrucksstark. Er erzählte, dass er in Iwanowo, ca. 200 km östlich von Moskau, geboren wurde und eigentlich zur Bühne wollte, woraus jedoch nichts wurde. Also habe er seinen Lebensunterhalt in einem Konfektionsbetrieb verdient, dann ein Studium als Malerei- und Grafikdesigner erfolgreich absolviert. Dadurch sei er zum Entwerfen von Stoffmustern gekommen. Seine ersten Modelle jedoch wären, obwohl er mit ihnen erfolgreich war, beileibe nicht so phantasievoll gewesen wie jetzige. Ländliche Kleidung hätte ihm den Weg zur Berühmtheit geebnet.
Bei seinen Ausführungen war er, zauberhaft lächelnd hin und her gelaufen, hatte sich mal diesem oder jenem seiner Gäste direkt zugewandt und allen das Gefühl vermittelt, für jeden persönlich zu sprechen. Welch ein charmanter, wohlgestalteter Mann. Auch als Tänzer hätten wir ihn uns vorstellen können. Seine Ehefrau allerdings war wirklich Balletttänzerin.
Roben fürs Theater hatte Slawa Saizew schon erfolgreich entworfen, was seinen schwungvollen, prachtvollen Entwürfen entgegen kam.

Und die Kleidung, die er dann vorführen lässt, bezaubert jeden.

Auf die Frage, wann er seine Modelle am liebsten entwerfe, antwortet er mit einem Lächelte:
„Beim Telefonieren, am liebsten beim Telefonieren. Wenn ich mit einer *„nette Dame"* spreche, oder ein gutes Gespräch führe, mit wem auch immer, werden meine Zeichnungen frühlingshaft, hell und freundlich. Fühle ich mich aber durch meinen Gesprächspartner belästigt oder ist Unangenehmes zu klären, entstehen düstere, wallende Roben."

Was für ein Mann!
Selbst unsere weltgewandte Frau Bohne-Fiegert errötet, als er ihr zum Abschied die Hand küsst. Später sag ich leise, was mir dabei durch den Kopf ging: „Das ist mal ein Mann zum *„in die Tasche stecken"*, *für trübe Tage zu Hause!"*
So hab ich die von mir verehrte Frau Ingeborg noch nie lachen sehen. „Oh, das ist ja göttlich! Schenken sie mir doch diesen Satz, den würde ich in mein neues Buch schreiben!"
Ja, Slawa Saizew, war für mich der charmanteste Mann Moskaus. Er hat mich so stark beeindruckt, dass ich ihn bis heute nicht vergessen habe und ihm nun, fast vierzig Jahre später, noch diese kleine Geschichte widme.

P. S. Ingeborg Bohne-Fiegert, 1921 geboren, gelernte Hutmacherin, Trägerin des Preises für künstlerisches Volksschaffen der DDR, erfolgreiche Buchautorin und Leiterin mehrerer Volkskunstzirkel, war eine unermüdliche, ideenreiche Künstlerin, die für die Volkskunst lebte. Sie hatte mich für die von ihr geleitete Förderklasse „Künstlerische Textilgestaltung" beim Bezirkskabinett für Kulturarbeit, die sogenannte „Meisterklasse" angefordert.

Zwiebelzwerge – oder einTraumurlaub

(Ein Märchen für Erwachsene?)

Schlafen, endlich schlafen, das Einzige, woran er noch denken konnte, und wollte. Die Arbeit war hart!

Eine andere Tätigkeit brauchte er, diese fraß ihn auf! Trotz seiner Müdigkeit, waren es dann merkwürdige Träume, die ihn plagten. Da gab es ein niedriges Häuschen am Meer, in dem er wohnte, ganz für sich allein.

Die ersten Tage vergingen, erfüllt mit Essen und Schlafen, mit Lesen und vielen Spaziergängen am Meer. Schön war es hier, so richtig etwas zum Seele baumeln lassen, zum Zukunft planen.

Eines Tages, bemerkte er beim Gehen, am Strand, einen Fischerkahn, der vor sich hindümpelte. Die Felsen am Ufer hingen oben über dem Boot.

Plötzlich ertönte ein Schrei! Vom überhängenden Felsen sah er etwas Zappelndes hinabstürzen. Schnell sprang er vorwärts, lief näher an das Boot und bemerkte ein paar strampelnde Kinderbeine in der Luft.

Ein Kind war direkt in das Boot, in die dort zappelnde Fischmengen gestürzt, welch ein Zufall! Die Fische hatten den Aufprall gebremst.

So hatte die Kleine den Sturz im Moment gut überstanden.

Nun aber steckte sie fest und konnte nicht rückwärts hinaus. (Auch im Wasser können kleine Kinder nur voran, nie zurück und sind dann in Gefahr, sogar in einer Pfütze zu ertrinken.) Es war daher nur eine Frage der Zeit, wann das Kind in den Fischmengen ersticken müsste. Schnell zog er es an den Beinen und hielt gleich darauf ein ca. dreijähriges, blasses, schluchzendes Mädchen im Arm.

Nanu? Wo kam das Kind her?

Er putzte zuerst das kleine Gesichtchen sauber, danach suchte er nach wunden Stellen am Kopf und den Schultern und redete leise auf sie ein. Alles war gut! Einige Schürfstellen und den Schrecken, das wars.

Warum war die Kleine allein auf dem Berg über dem Wasser gewesen?

Was hatte sie dort gewollt? Kaum gedacht, kam ein Mann aufgeregt, und ganz verstört von der anderen Seite her angelaufen. Bei ihm war ein etwa 11-jähriger Knabe. Beide Gesichter zeigten totale Erleichterung.

Ein Fischer, der mit seinen beiden Kindern auf dem Felsenüberhang gewesen war, vermisste plötzlich seine kleine Tochter. Böses ahnend, war er eilig an den Strand gelaufen.

Die kleine Tochter aber hatte sich, um besser sehen zu können, zu weit über den Felsrand gelehnt. Sie war kopfüber in die Fische gestürzt.

Eine aufregende Geschichte, aber gut abgelaufen.

Nachdem die kleine Familie unter vielen Dankesbezeugungen gegangen war, stieg unser Urlauber kopfschüttelnd auf den Felsenausguck oberhalb des Meeres.

Es war schön dort oben! Wie weit man übers Meer schauen konnte.

Er träumte vor sich hin und vergaß die Zeit.

Ein großer Wallnussbaum irritierte ihn sehr, weil er einen fast flachen Stamm hatte. Um ihn herum lagen pflaumengroße Nüsse. Im Stamm jedoch gab es ein riesiges Loch. Durch dieses Loch schien die Sonne. Wie merkwürdig!

Er sah hindurch! Gab es dahinter ein Schloss?

Ganz braun, ganz dunkel, mit buckeligen Dachabteilungen stand es dort.

Warum hatte er es vorher nicht gesehen?

Dieses Schloss. sah anders aus als alle die er kannte. Anders als er sie je in Städten, Büchern, auf Fotografien oder sonst gesehen hatte. Alles am Gebäude war rund, glatt und buckelig, blank. Was war das? Verwirrt sah er wieder durch das Baumloch, gar kein Zweifeln, ein Schloss stand auf den Klippen. War das nur ein Traum? Er war doch wach! Schnell lief er näher zum Felsenrand.

Natürlich gab es dort kein Schloss! Felsenbuckel, weiter nichts!

Ärgerlich trat er mit dem Fuß dagegen. Vor ihm wuchsen braune Felswände in die Höhe. Was war das?

So etwas war ja wohl kaum möglich? Er schaute sich um. Eine Tür, die er zuvor nicht bemerkt hatte, öffnete sich. Träumte er?

Bitte, lieber Leser, schließt mal die Augen und stell Dir die hellsten, freundlichsten kleinen Rundstübchen vor, die du dir denken kannst. Runde oder eher abgerundete Fenster, Tische und Bänke, Stühle und Schränke, nicht wie wir sie kennen, sondern alles ohne Ecken, wie aus dem Untergrund gehauen.

Alle Dinge und Wände in den freundlichsten Pastellfarben. Überhaupt es gab Farben ohne Ende, wohin er schaute. Es waren Farbabstufungen, wie er sie noch nie gesehen hatte. Zum Erstaunen!

So ein merkwürdiges Haus! So ein „Inneres" hatte er noch nie gesehen.

Keine Bilder, Nippes oder ähnliches an den Wänden, auf den Borden, einfach nur lebendig durch Farben.

Alle Räume waren ohne Flure ineinander übergehend, ohne Türen. Nur mit offenen Bögen versehen, luden sie zum Betreten ein. Fenster und Helligkeit im ganzen Haus!
Es gab, wie er sehen konnte, auch keine Schlafstuben mit Türen, sondern verschieden große Nester, wie Kuhlen, nur aus Betten bestehend, praktisch zum Hineinplumpsen und Kuscheln.
Welch eine Überraschung! Wo war er hier?
Wie war er hier herein gekommen?
Und warum? Träumte er wieder? Alles war so real!

Während er noch überlegte bemerkte er kleine Kinder, die sich in den Kuhlen balgten.
In anderen „Nestchen" schliefen die Kleinen fest und tief.
Noch während er sich wunderte, dass auch an den meisten Kindern alles rundlich, freundlich knubbelig aussah, andere jedoch wieder überschlank waren.
Alle aber so, wie man sich Zwerglein vorstellt.
War er im Zwergenland? Das gab es doch gar nicht!

Es war Jemand von hinten an ihn heran getreten.
„Hallo!"
Ein Mann, der ihm bekannt schien, jedoch nun hier sehr schmal wirkte, eine nette knubbelige kleine Frau, die sogar im Gesicht aus lauter rundlichen Einzelteilen zu bestehen schien, hinter ihr ein halbwüchsiger Knabe und ein winziges Mädchen. „Meine Frau wollte sich auch bei ihnen bedanken, sie hat nicht eher Ruhe gegeben, bis ich sie zu uns hereingeholt habe."
„Danke, dass sie unserer kleinen Joelande das Leben gerettet haben."
Hatte er das?

Sein Erstaunen war groß, wer waren die Leute, wo war er hier eigentlich?
„Wo bin ich hier denn überhaupt?"
„Zwiebelhausen, sie sind in Zwiebelhausen, im Schloss, wir Menschen nennen uns Zwiebelzwerge, wegen der Größe."
„Wegen der Größe?" fragte er nach. „Sie sind doch genau so groß wie ich?"
„Schon, schon, sagen wir mal es ist eher umgekehrt, sie sind im Moment genau so klein wie wir."
„So klein wie Sie? Wie groß ist denn das?"
„Tja, es werden so zwei drei Zentimeter in ihrer Größenangabe sein, schätze ich."
„Um Gottes Willen!" Zwei Zentimeter, wie sollte er da je wieder zu Hause bestehen können?
Der Gastgeber lachte! „Keine Sorge, Sie sind jetzt wie wir, und wir sind immer so groß, wie wir wollen oder wie unsere Umgebung. Wenn wir draußen im Freien sind, haben wir gern ihre Größe und sprechen die Sprache der Region, bzw. die Sprache unseres Gegenübers.
„Haben sie sich nicht gewundert, am Meer, vorhin waren wir so groß wie sie und konnten uns miteinander ohne Probleme verständigen."
Ja, jetzt, wo er es erwähnte, er hatte sich keine Gedanken darüber gemacht.
Richtig, er verstand die Leute ohne weiteres.
Sie sprachen vorhin alle Deutsch, obwohl sie sich im Moment nicht in Deutschland befanden.
Was für eine Möglichkeit, für diese Menschen, in der Welt zu bestehen, fast gar kein Geld für Nahrung, Kleidung, Möbel, oder Sonstiges zu benötigen, überall leben zu können.
Wem, in der Welt man auch immer gegenüber stand, es gab keine Sprachprobleme, Häuser wurden nicht gebraucht, Gegenstände und Men-

schen waren groß oder klein, wie es sich gerade ergab, wie es benötigt wurde.
Und es machte diese Zwerglein, „Hutzelchen“, Zwiebelzwerglein so gut wie unsichtbar für jeden „Normalmenschen“.
Was für eine Chance für alle Menschen, die in ihrer Welt nicht zufrieden waren, sozusagen als „Minizwerglein“ nach Belieben leben zu können!
Wenn das ginge!
Fast alle existentiellen, finanziellen und zwischenmenschlichen Schwierigkeiten unserer oft schwierigen Welt wären gegenstandslos.
Herr Zwiebelzwerg musste wohl seine Gedanken gelesen haben.
„Normalen Menschen, könnten schon wie wir sein, es gäbe da gewisse Möglichkeiten, jedoch die Bedingungen sind für euch kaum erfüllbar.
Und einmal geschehen, gibt es kein Zurück mehr. Wer will das schon wirklich.
Die Menschen aller Nationen hängen am Vertrauten, Bekannten, an ihrer Heimat.“

Oh, er war sich sicher, es würden viele, die unzufrieden mit ihrem Schicksal waren, wie „Hutzelmenschen“ leben wollen.
Seine Frau mischte sich ein: „Genug Theorie!
Wir möchten Sie gern einladen, für den Rest Ihres Urlaubes unser Gast zu sein, als Dankeschön sozusagen.“
Wie merkwürdig, wie wunderbar und sonderbar!
Urlaub wirklich von ganz anderer Art.
Gelebt in „Zwiebelhausen“, erlebt in zwei Zentimeter Größe!
Was würde er erzählen können.
Gern blieb er dort!
Dieses Zwiebelhausen, es war so ein ganz besonderer Ort um Urlaub zu machen.
„Und warum Zwiebelzwerge?“

„Zwiebeln sind unsere Lebensgrundlage. Wir ernähren uns vorrangig davon, brauchen die Ätherischen Öle so nötig wie die Luft zum Atmen, leben daher immer in ihrer Nähe. Alle Zwiebelgewächse nutzen uns, ob Gemüsezwiebel, Scharlotten. Auch alle Lauchgewächse, Frühlingszwiebeln, Liliengewächse, ja sogar der Knoblauch sind lebenserhaltend für unser Zwergenvolk.

Wundervolle, unbeschwerte Tage, voller Lachen und Singen, voller guter Gespräche und interessanter Abwechslungen folgten für ihn. Alles war aus dieser Sicht neu und interessant.

Wisst ihr, wie groß ein Haus ist, wenn man selbst nur 2 Zentimeter misst?

Will man sich mal aus der Sicht der Kinder die Welt betrachten, sollte man in die Hocke gehen. Aber auch nur einen Menschenschritt weit, in zwei Zentimeter Größe zurück zu legen, kam einer Wanderung gleich.

Ein Kieselsteinchen konnte so zu einem Berg werden, zum unüberwindlichen Hindernis. Schnelle Lösung für jedes auftauchende Problem, sie wurden einfach normalgroß.

Sie fuhren als große Menschen zum Fischen, zum Baden oder in die schöne Umgebung und aßen als kleine Leute zu Abend.

Das Toben und Balgen mit den Kindern dort machte ihm den meisten Spaß. Sie ritten auf Schnecken, auf Marienkäfern, hüpften auf Heuschrecken durch die Wiesen.

Trieben mit „großen“ Menschen Schabernack.

Viel zu schnell vergingen die wenigen Tage.

Der Urlaub war fremd, interessant und so schnell zu Ende.

Leider! Aber er wusste nun, was er in Zukunft tun würde.

Festhalten sollte man vieles können, anderen Mitmenschen von den Wundern, die es gab, berichten. Lehren austeilen, jedoch nicht mit erhobenem Zeigefinger, sondern beim Lesen interessanter Geschichten. Ach die Welt kann so aufregend und schön sein.
Anderen die Möglichkeit geben zu berichten, ja, das wollte er, wollte er gern.
Hier war seine Traumreise zu Ende.
Und nun? Noch immer erinnerte er sich an das Gespräch am letzten Abend. Er hatte den Hausvater gefragt, ob er in seiner Welt von Zwiebelhausen erzählen oder schreiben dürfte? Ob er die Hutzelchen damit einer Gefahr nahe bringen könnte?
Dieser hatte nur gelacht. „Erzählen Sie, Erzählen Sie. Man wird Ihnen sowieso nicht glauben! Gefahr für uns besteht überhaupt nicht, wir leben heute hier, und morgen dort. Immer wo gerade Zwiebelerntezeit ist, sie wissen ja!“
Schmunzelnd setzte er hinzu: „Vielleicht leben wir ja im nächsten Jahr in ihrem Heimatort, und keiner merkt es? Es gibt da ein kleines Geheimnis. Wenige Mensch würden uns je finden, nur wir entscheiden, wer zu uns darf. Na sie kennen das ja von ihren vielen Zwergen-Märchen.“
Nachdenklich senkte er den Kopf. So war das also, kein Frieden im Leben, im Beruf, im Herzen auf immer, für normale Menschen?
Ihm fröstelte. „So werde auch ich sie nicht wieder sehen, meine kleinen Freunde? Sie nie mehr besuchen können?“
An des Mannes Stelle antwortet ihm seine nette Frau: „Du weißt nicht, wie dankbar wir dir sind, wir würden schon gern, es geht jedoch nur, wenn du es von Herzen willst, nur dann wirst du uns wieder begegnen. Aber wir sind schwer zu finden. Sei nicht traurig, der Zauber mit uns und

unserem Volk ist es ja auch, das wir im Nu überall auf der Welt sein können, in jedem Beruf, jedem Stand, an jedem Ort. Und du weißt, die Ätherischen Öle sind lebensnotwendig für uns. Es ist schwer zu sagen wo es, oder wir gerade sein werden. Wo wirst du uns suchen, finden wollen, in der großen Welt? Wir zeigen uns ja selten!
Jedoch, wer eines unserer Leben rettete, hat eine Chance. Wenn du Sehnsucht nach uns und unserem zu Hause hast, schließe einfach die Augen, gib dir selber den nötigen Frieden, träume dich ein und du wirst bei uns sein und wir bei dir."

Seit dem sind viele Jahre ins Land gegangen, das eilige, oberflächliche Leben hat auch ihn, wie die meisten anderen Mitmenschen geprägt.
Fragt nicht, wie oft er die Augen geschlossen hat in diesen Jahren!
Er sieht sie noch immer, in stilleren Momenten vor sich, die merkwürdigen, liebenswerten, nachahmungswürdigen Menschlein. Seine „Hutzelchen", seine „Zwiebelzwerglein", jedoch bei ihnen sein, so wie damals konnte er nie mehr, nicht mal in seinen Träumen.
Nie wieder hat er den Hauch verspürt so frei, friedlich und gelöst sein zu können, wie damals, in diesem merkwürdigen, wunderschönen Urlaubs-Traum.

Verführung

Kinderlachen, das berührt mich.
Gibt mir Freude und verführt mich
auch zu lachen,
Spaß zu machen und den Sorgen
Ein „Schnippchen“ zu schlagen.

Der alte Eltern- Repp
(So etwas kommt vor)

Hallo, ihr da draußen, macht euch nun bereit,
jetzt kommt die ungeliebte, schwere Eltern-Zeit.
Die Babys, die ihr lang einst gehegt,gepflegt
besungen und auch wohl zum Denken angeregt.
Sie flogen aus und kehrten selten nur zurück.
Sie finden in der Fremde jetzt ihr Lebensglück.

Erwachsen, gingen sie in eine große Stadt,
die schöne Dinge und auch manche „Fallen" hat.
Nicht jedes Eurer Kinder kam da gut vorbei,
entrann so ja des Lebens grauem „Einerlei".
Erfahrung mit den Dingen, ist ja wunderbar,
jedoch nicht Jeder kam damit auch „Klar".
Als Kind und in der Jugend stets geliebt, geküßt,
erfuhren sie, dass diese Welt auch anders ist.

Da schufteten auch Junge bis die Schwarte krach,
so manche Prüfung ward', nicht nur bei Nacht, gemacht.
So lebten unsre Lieben jahrelang drauflos,
Gedanken an die Zukunft waren nicht sehr groß.
Das Elternhaus erschien ihnen bald fad und klein,
sie kehrten immer seltner zu Hause ein .

War Geld da, ja dann tourten sie gern um die Welt,
gestalteten ihr Leben wie es grad gefällt.
Sie brauchten keine Dauer-Liebe und keinen Pfand,
sie hatten bestens selber alles in der Hand.
Das ging solang es ging, dann war auf einmal Schluß,
was folgte war „Börnaud", des Frohsinns Exitus!
Und geht es dann im Leben einmal nicht so glatt,
so muß es einen geben, der die Schuld drann hat.
Der Psycho-Dock und auch noch die Freundesschar,
die wussten auch sogleich, wer hier der Täter war.

Das Elternhaus in 20 Jahren kaum gesehn,
die mußten jetzt als „Übeltäter“ grade stehn.
Sie haben falsch erzogen, mit der Lieb gespart,
drumm schägt das Leben ihre „Babys“ aus der Art.
Die Alten gaben alles einst, es war nicht genug,
und wie sie's taten war, bei Licht besehen, auch nicht klug.
Sie zogen ihre Kinder, wie sie's einst gelernt,
Von „Neuem Zeitgeist“ war'n sie meilenweit entfernt.
Nun tragen sie am Ende noch die Schuld daran,
dass ihr geliebtes Kind nicht mehr gut leben kann.

So kommt es , dass im Alter und am Ende der Geschicht,
recht viele Eltern einsam sind und wissen nicht,
was Schlechtes sie getan in ihrer Lebenszeit,
zuletzt, ihr Freunde, ist es jetzt so weit,
beklagt euch niemals, sondern macht euch klar,
dass dies der Anfang von dem Ende war.
Das Leben hält ganz selten nur „verstehn“ bereit,
weil Ihr in ihren Herzen längst gestorben seid.

Literaturverzeichnis

Fotos aus Privatbesitz
Collage, Zeichnungen und Strichmännchen von der Autorin

Geschichten, Erzählungen und Gedichte der Autorin zum Teil erschienen in den Antologien

„Mancherlei Geschichten von Brück und Anderswo“
gedruckt:

1. Buch: 2010
2. Buch: 2011
3. Buch: 2012
4. Buch: 2013
5. sowie,dem Buch:
   „Erinnerungen und Gegenwart, Geschichten, die das Leben schreibt, nicht nur von Brück und Anderswo“

Verschiedenes Archivmaterial auch zu finden in obigen Büchern, wie zum Beispiel „1000x Gänsefüsschen“ Herausgeber: Herbert Teuerkauf sowie „Ehrenbuch der Stadt Brück“, oder „Programm für die Bildungs- und Erziehungsarbeit im Kindergarten“. Volk und Wissen Verlag Berlin, 1985,- 1.Auflage. Kochler und Amelang, Leipzig1976.

Inhaltsverzeichnis